大展好書　好書大展
品嘗好書　冠群可期

大展好書　好書大展
品嘗好書　冠群可期

命理與預言60

斗數高手 實戰過招

姜 威 國／編著

大展出版社有限公司

自序

雖然，也寫過幾本有關斗數方面的書籍，但是，對於活盤實戰解析的論斷法訣介紹，倒是第一次公開示人。

其實，在坊間相關的書籍亦有類似的性質，但是，看來看去，總覺得大家均留有一手準備待價而沽，因此，也讓許多有心的研習者，不但看得迷糊茫然，不得要領，而且還造成他們心灰意冷想要放棄的現象。

這實在是一件令人惋惜的事實。

斗數命學的應用範圍，實是廣泛且精深無比，它比任何一種命學的論斷來得簡易且又準確，如果真為了「利」字，而導致其式微的命運，那所造成的遺憾可就非筆墨所能形容的了。

筆者不才，為此亦考慮良久，最後也拗不過同道好友的要求，遂將多年來於課堂上的資料，以及為人論命的手法彙集整理，希望對有興趣的研習者，提供一條簡單又扼要的活盤論斷途徑。

由於內容上務求簡單明瞭，所以也曾多次的增刪遞減，因而一拖再拖，算算也近二年的時間了。當然，其中仍必有不盡之處，但總是筆者一份誠摯的心意，還盼同道好友能不吝地予以指教為是。

一九九九歲次己卯雙十節前夕筆者姜威國敬識於

姜老師命理風水工作室

高雄縣政府聘書

88 府勞福字第 120785 號

敦聘姜 威 國老師擔任

本縣 89 年度勞工學苑

（上期） 陽陰宅命理班

講師

此 聘

縣長

余政憲

中華民國八十八 年八 月十六日

聘書

茲敦聘姜威國先生

擔任本學會第壹屆秘書長

一職共同發揚我國傳統之民

俗文化。

此聘

中國民俗文化研究學會

理事長 林建一

中華民國捌拾[illegible]年 伍月 日

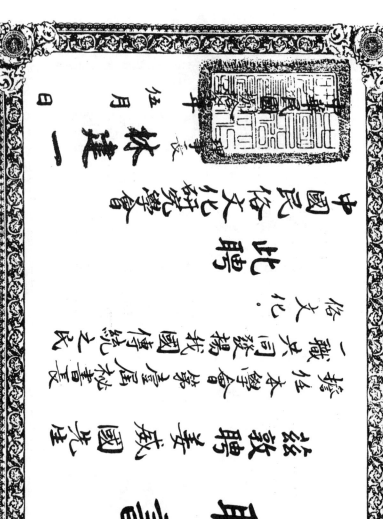

目　錄

壹：吉格部

四、「納音」論斷應用訣法……八一

卷二、人生際遇論斷實例分析

卷一：斗數論斷秘訣大公開

一、斗數—好玩嗎？

很肯定地告訴你，不但好玩，而且還好處多多呢！

然而，又為何時下大家學得既辛苦，且又不知所以然，這到底又為了什麼？很簡單嘛！就是拜眾大師所賜。

哦！姜老，飯可以多吃點，話可不要隨便亂講。否則，有朝一日遭群師攻擊，那可就會體無完膚且屍骨無存囉。

這可不是我亂講，實在是有事實做根據。例如，有些大師倡言飛星四化有多麼地神奇，有多麼地準驗，若是缺少了它，則斗數也就不稱做斗數了。

的確，飛星四化的理論對於斗數而言，是佔了很重要的地位，但並非沒有了它，斗數就真的玩不起來了，舉最簡單的例子，我在民國八十六年三月間撰寫了一本《掐指神算定乾坤》（益群書店發行），其中理論的基本架構就是以斗數的理念所設計的，內容上不但易學易懂，而且準確度也有一定的水平，然而，其中就壓根兒沒有飛星四化的影子，試問，這又是什麼道理呢？

五術科目均源自於《易經》，儘管各科各目亦各自有自我的理論架構，但是，其理念的肇始，亦是由易理演繹而來。

因此，不能說沒有飛星四化的理論，斗數就玩不起來了，應該改說，少了飛星四化的理論，斗數就好像少了調味佐料的菜色，而無法展現其「色、香、味」俱全，令人垂涎三尺的意象了。

㈠一些觀念的把玩

「桃花」，好玩嗎？

「煞忌」星曜，恐怖嗎？

「紫微星好？還是破軍星好？」，你會判別過嗎？

「六貴星」，一定尊貴嗎？

對於以上問題，不知你的答案認定如何？但有一點可以肯定地告訴你，若是你的觀念僅存在「自古以來，都是這麼說的？」水平上，一句話送給你：「可以不用再繼續學下去了。」

可能有人會認為我怎麼能這樣地武斷與評定？當然，我自有分寸，而且這也是在為各位設想，為何？

一、古今的時代社會背景完全不同。所以，不論在觀念上或是在演繹論斷時，一定要考慮此變異的因素。

二、五術的陰陽觀念：有陰，便有陽；有對，便有錯；此消長、升降，往返間的概念，一定要有，因此，千萬不要執迷不悟，專走「單行道」的釋義角度。

三、命理或是醫理均是以救人濟世為其目的，若是因一己之誤斷，而造成他人終生之遺憾，試問：這還有什麼意義可言，不如「打包回家」，反來的好，不是嗎？

四、時機不好，賺錢不容易，若是花了一大筆的錢，但卻學了一堆「垃圾」理論回來，想想，值得嗎？

斗數一科目，學費三十萬，期限半年，你敢學嗎？相信沒有人敢學，甚至有人會抱持著極為慎重的「懷疑」態度。

但是，我學了，而且至今受用無窮。其因無它，就是一個老頑童在教一個中頑童如何來「玩」斗數而已。

㈡「桃花」—好玩嗎？

「桃花」，當然很好玩，但必須限定在正常的範圍，如未婚且屆適婚年齡；另外，只要不太過於執迷與沈溺，一般而言，不論是成年人，或是未成年之人或是小孩，也不會造成什麼傷害。

姜老，你這一番的說詞，前半部分還算是正常且可理解，但後半句就好像有些怪怪的了，怎麼連小孩也一併算在內，難道小小年紀也會有「桃花」的事件嗎？

不錯，不但是小孩會有，甚至連嬰兒也會有。

這就更難以理解了？願聞其詳。

所謂「桃花」的意義，時下均作男女之情解釋，如什麼「牆內（外）桃花」、「桃花劫」等，這種解釋事實上並沒有錯，只是太過於狹義，而且也是誤解了古作者原有的意義。

廣義的「桃花」，真正意義應作爲一種沈溺的、一種執迷、一種人緣、一種緣份的意義來解釋，如此才是真正地符合其原始的涵義，也因爲如此，所以它才具有一種爲害的作用。如嬰兒太過於依賴奶嘴，其結果必然會影響其嘴型的正常發育；求學讀書時期，若是太沈迷於電動玩具或是看漫畫書，則一定會影響正常的功課成績；青年男女正常的感情交往，原本是一件天經地義且極爲自然的事情，但若是發展得太過於纏綿悱惻，佔有慾太強或是分秒都不能分開，其結果不但會影響了正常的作息與工作，而且甚至會因此發生一些令人惋惜的悲劇事件。如，自殺殉情、恨你一輩子等。

所以囉！若是對於「桃花」的真正意義沒有弄清楚，保證你在斗數的領域中，一定會變成一個名符其實的「花癡」，因爲，斗數中的諸星曜幾乎都有著「桃花」的意象。如此一來，滿盤的「桃花千朵紅」，你不被這種景象搞得「滿臉豆花」，那才算是奇事一樁呢！

可能有人會懷疑，爲何斗數中的諸星曜幾乎都有著「桃花」的性質，以下筆者即就十四顆主星曜概略的介紹與敘述。

(1)紫微星—「必然的桃花」。因爲它是帝王之意象。

(2)天機星—「糾纏的桃花」。

(3)太陽星—「博愛的桃花」。

(4)武曲星—「愛在心裡口難開的桃花」。
(5)天同星—「隨緣的桃花」。
(6)廉貞星—「邪惡的桃花」。
(7)天府星—「死忠的桃花」。
(8)太陰星—「博愛的桃花」。
(9)貪狼星—「慾望的桃花」。
(10)巨門星—「佔有慾的桃花」。
(11)天相星—「商賈式的桃花」。
(12)天梁星—「親情式的桃花」。
(13)七殺星—「喜新的桃花」、「執迷的桃花」。
(14)破軍星—「強制的桃花」。

(三)「煞忌」星曜—恐怖嗎？

斗數中的六煞星：擎羊、陀羅、火星、鈴星、地空與地劫，相信大家對它們不但不陌生，而且還有一種厭惡與恐怖的感受。的確如此，因為光是聽到這些名稱，好像就會使人有一種很不舒服的感覺，若再看到自己命宮中有它們的存在，那就恍如有根針梗在心上，經常擔心會有什麼不好或不吉祥的事情發生。

然而，儘管如此，「六煞星」真的是那麼地恐怖與不吉祥嗎？其實，這都是一些以訛傳訛的後果，雖然，「六煞星」有其負面的意義，但卻也具有其正面且良性的作用。

對於「六煞星」所具有的負面且不良的效應，相信各位早就從各種的參考書籍或是師承面授中，得悉了不知有多少，因此，筆者在這裡也就不再多作贅述。至於有關「六煞星」正面且良性的徵象，我倒是願意在此提出一些意見與看法，以提供大家於研習上作為參考。

(1)擎羊星、陀羅星

擎羊與陀羅二星，於命盤的排列是以祿存星為主，一前一後的護衛著。如果我們將祿存星視為一種「寶藏」，則羊陀就好比守衛寶藏的「守護神」一般，如果你不存覬覦之心，則此二守護神也不會對你有所傷害的。

再者，擎羊與陀羅二星亦可將其視為一種武器，因為，它們本身即具有殺傷與威嚇的氣勢，但是，這些氣勢要想能造成一種實質上的傷害，那又非得有人爲的力量去操縱驅使之。

綜合以上二項的論述，我們可以這麼地下定義：

①擎羊與陀羅二星是具有實質上的殺氣，與嚇阻力。

②擎羊與陀羅二星具有正義與責任的心。

③擎羊與陀羅二星若是坐落「我」宮，代表著一種內在的執著；若是不落於「我」宮，則爲一種傷害了。

⑵火星、鈴星

火星與鈴星基於其排列法的不規則性，所以，它所具有的不穩定性與突如其來之象，是可想而演繹的。

火星屬陽，故其性較主動、較激烈，但卻也有稍縱即逝的現象，所以往往還搞不清楚是怎麼回事，事件即已降臨且也接近尾聲了！鈴星屬陰，故其性較被動、較拖緩，也較不激烈，因此，往往在受到傷害之時仍還不知覺，甚至還會產生一些不良的後遺症，而餘波蕩漾。

的確，火鈴二星是有著傷害的實質意味，但是，它亦有其正面意義。我們舉個例子來解釋：

義賊廖添丁的事蹟相信大家一定都聽過，他神出鬼沒，行踪飄忽的現象，就宛如火鈴二星不規則的排列方式；他劫富濟貪和專與日本人作對的行徑，對於那些爲富不仁，以及日本人而言，他的確是一項傷害、毒瘤，且被列爲欲除而後快的第一要事，但是，對於百姓和他個人而言，卻認爲是一種行俠仗義的行爲，對朋友講信義，凡事路見不平、拔刀相助。

凡事均有一體兩面的看法角度，看完了上述對於火鈴二星的舉例，相信各位定然有所心得與體會。

的確，不要說煞星有此性質，就連正曜亦是如此。例如，紫微星，其正面的意義是爲一種帝王尊貴的意象，但是從另一層角度來看，他高傲與喜歡號令支使別人的行爲，卻往往會令人憎惡與不服，尤其是在團體中。

所以，對於火鈴二星釋義的角度與看法，各位可不要再拘執於古說或「大家都這麼說」，否則，你在斗數命學研習的境界上勢必受限且無所突破，如此對你而言，是一大遺憾；對斗數來說，也是一大損失。

因此，對於星曜釋義的見解與看法，一定要秉持著此種正負面俱到的理念，如此，於日後的實務論斷上，方不至有所疏忽與不盡之處。

四紫微星好？還是破軍星好？

這種問法，根本就是一種因錯誤理念而導致的偏執概念。因為，在斗數的眾多星曜中，絕對沒有那一顆星一定是好，或那一顆星一定是不好的認定理念。在前面已一再提過一體二面的陰陽觀念，就是最好的佐證。

紫微星與破軍星的相關資料，相信各位一定很清楚了，我也不用再此多作贅述，如果還有不清楚或不明瞭之處，就只有煩請參閱拙著《全方位論斗數》上下冊、《新斗數葵花寶典—星曜易理演繹》、《斗數星曜與格局新義》、《簡易紫微斗數精華篇》等。

至於此二星若是認真的來論，大致有以下諸點的差別：

(1)紫微星較虛，破軍星較實。
(2)紫微星較不敢，破軍星則橫衝直撞。
(3)紫微星較會做作，破軍星說做就做。

(4)紫微星要有同伙，方始能成氣候；破軍星則不用。

(5)紫微星性情較正派，破軍星則較爲邪惡。

上述五點僅是將此二星較大的區別處列出而已，其他當然還有，各位亦不妨再自行地列舉比較，相信一定可從其中獲得一些心得與領悟。

(五)「六貴星」一定尊貴嗎？

六貴星者；左輔、右弼、文昌、文曲、天魁、天鉞是也，既然稱做「貴」星，其尊貴的本質定然具有，否則，也無法攀上此頭銜了。

然而，這些貴星除了具有尊貴的氣質與意象外，它們也同時具有一種很「跩」的徵象，時下的俚語叫做「酷」（COOL），若是命宮有這些星坐守，則更是明顯且徵驗。

再者，六貴星還有二種很自私的行爲現象，那就是「自掃門前雪」的心態，以及只做「錦上添花」的事，而沒有「雪中送炭」的胸懷。因此，大多數六貴星生命的人，儘管本身非常地富有，但要他們無條件地拿些錢財來濟世助人，那你想都甭想，然而若是把他們的大名公布刊出，且昭告示人錢財是他們贊助的，那肯定是可以列入商量考慮的。

所以，你說六貴星貴不貴？當然貴，而且還貴的可以，甚至有時會貴的令人想痛扁他一頓。但儘管如此，有它們這些星的同在，對於我們的人生運途，實在也有著莫大的幫助。例如考試時，若逢會此六貴星的幫助，則上榜的機率必然大大地增加；如果於事業上遇逢瓶頸困難之際，有了它們，則定有化險爲夷的轉機現象。

但是，有一個宮位最好不要有它們的存在，因爲，若是有了它們，反而是一種多重桃花，這個宮位就是「夫妻宮」。畢竟，時下的社會型態仍是採行一夫一妻制，因此，夫妻宮會逢了此六貴星，則必於正常的配偶外，還有第三者的存在，或是爲二度、三度之徵象。

另外，還有一個宮位對於六貴星也是不太適合，那就是父母宮。於論斷上，經常會出現重拜父母或二姓之象，但由於這些論斷並非是一定如此，而且還得再配合一些相關星曜同論，是故，在父母宮有逢會六貴星的實務論斷結果，是比夫妻宮要來的好很多。所以在此僅提出作參考而已。

二、斗數實用格局彙整

編寫本篇的目的，主要在爲後面章節之實務論斷鋪路。但爲何僅介紹格局而已，對於星曜性情卻不做交待？

其實，有關於星曜性情的論述，筆者早已在拙著《全方位論斗數》上下冊，以及《新斗數葵花寶典—星曜易理演繹》（以上均由益群書店發行）中，有所交待與解釋得很詳盡，有需要的讀友可逕自購買參考。

之所以會將本文置於前頭，別無它因，就是於實務論斷時，它真的太重要了。若是缺少了它，那想要論斷得精確無誤且出神入化，可謂是有如癡人說夢話——不可能的事情。所以各位千萬要仔細地閱讀與體會，最好能將其熟背於心中，能如此，保證於日後的實務論斷上，一定能有所獲益與成就感。

近來斗數的派別日益增加，且近於氾濫的現象，而各門派之間更是相互地攻伐且互別苗頭，這些病態的事實對於斗數而言，可就不是一件好消息了，甚至會將斗數帶入了一個「混戰」的時代，而無法再分辨淸楚東西南北。因此，有幾個事實，我們可清楚地感受得到，那就是：

⑴時下研習斗數的人，有愈來愈少的現象。

⑵時下以斗數論命之開館生意，有日益乏人問津的事實。

⑶以否認斗數理論，且單挑斗數毛病而自命不凡者，有日益遽增的現象。

試想，斗數若再不正本清源，可能過不了幾年，斗數命學一定會變成一種「四不像」的東西，到時想要再有所振作，大概也已力不從心了。好了，閒話到此打住，多說也是無用！名利二字，不但傷人，而且會傷任何的事物，不是嗎？

●什麼是「格局」？它具有什麼意義？

在還沒有進入主題討論之前，我們先來談談什麼是「格局」？以及它具有什麼實質上的意義。

經常會聽到人家這麼說：這間房子所造的格局不錯，或是某家餐廳內部裝璜的格調很差等，這其中的「格局」、「格調」就是「格」，廣義的說就是一種樣式，一種結構，另外，「格」也是一種界限，一種範圍，如格式、框格等。再來談談「局」，如我們說「局限」、「局促」、「××局處」等，它具有著一種拘限的意義，在某個限度範圍內，方才算入「局」。

由以上的解釋，我們即可了解「格局」的意義，它就是代表著一種限度、一種範圍、在某個限度或範圍內，我們就稱它爲「有格局」。所謂「有格方成局，有局格自顯。」即是最佳之譬喻。

紫微斗數命學本身就是一個具有組織架構系統的學術，於論斷時，它必須輸入一些相關的基本資料，這個系統才能夠運作。基於不同的原料，就會產生不同產品的概念，斗數命學也不例外，因此於系統運作的結果，必然也會出現一些不同的星曜組合排列方式，而這些不同的組合排列方式，我們即稱其爲「格局」。格局的好壞，可是對一個人一生有著極大且重要的影響。因此，要想達到一種精確神準的境界，對於格局的研討可是必需的要件之一。

壹：吉格部

㈠、君臣慶會格

①君者，即紫微，或天府。臣者，即天相，或輔弼是也。

(一)

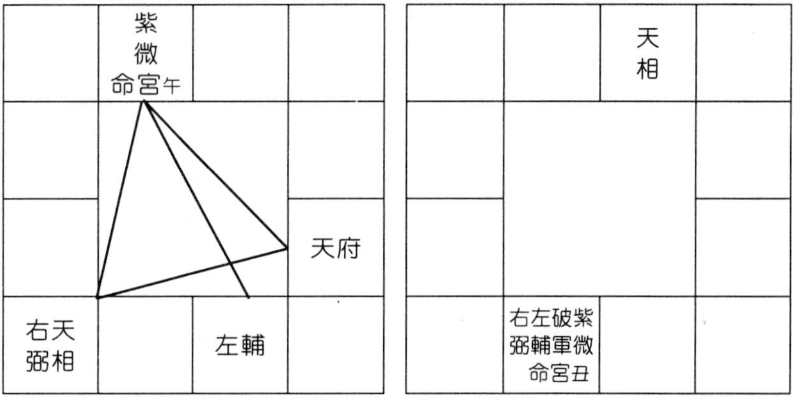

（註：紫微在子同論）

(一)

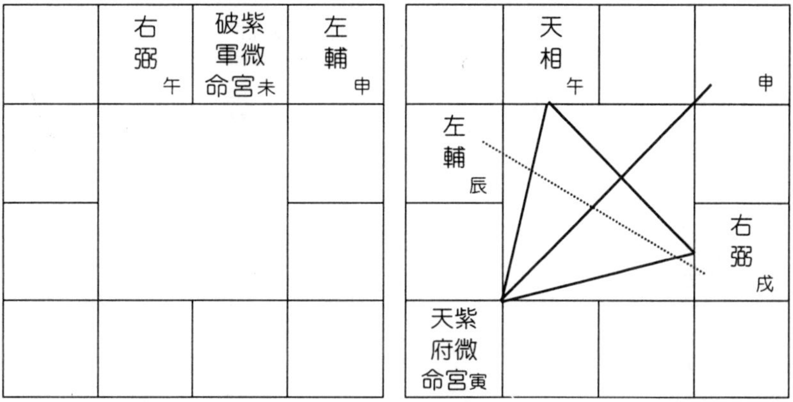

（註：紫府申宮同論）

②可分爲以紫微爲主的「君臣慶會格」，以及以天府爲主的「君臣慶會格」。

③不論是那一種的君臣慶會格，其條件必要三方會合天相輔弼，方始成格論。

④若三方不見輔弼，則僅能稱「在野孤君」。

⑤紫府寅申同宮，必然會照天相，古書雖稱「紫府朝垣格」，但亦屬君臣慶會格中之一種。

⑥符合此格局的人，於社會團體中，不但經常會受人提拔幫助，而且本身也具有著良好的領導管理能力。

(二)、機月同梁格

①命宮與三方四正須會合齊全天機、太陰、天同、天梁等四顆星，方始成格論。（廣義的）

②若命宮居辰或戌宮，亦稱「善蔭朝綱格」。

③若是機月守命居寅申，三方會合同梁，又得有紫府前後雙夾，是爲機月同梁之正格。（狹義的）

㈡

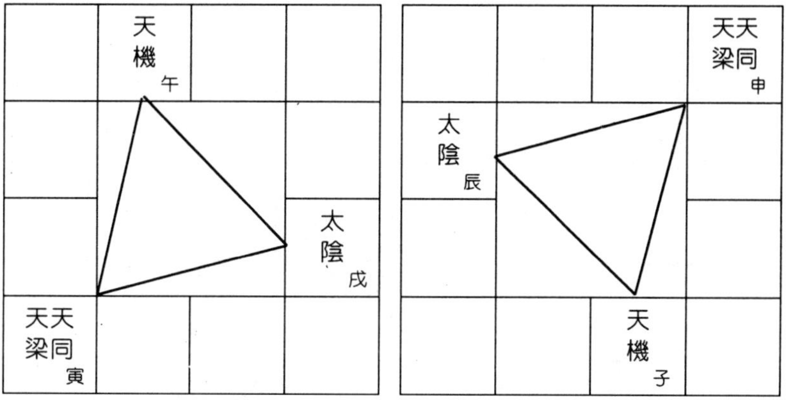

㈡

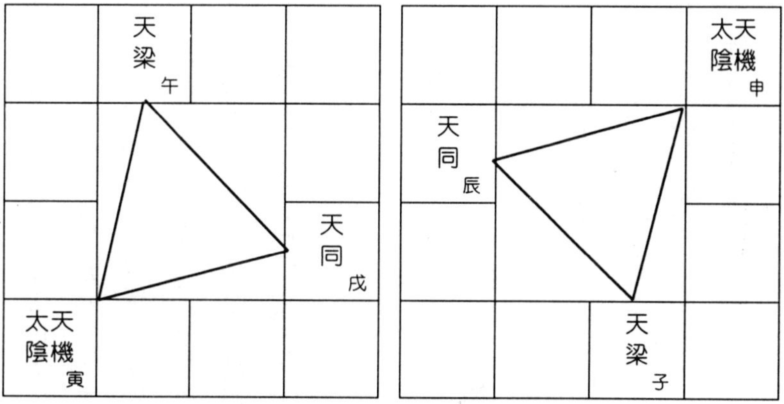

㈡

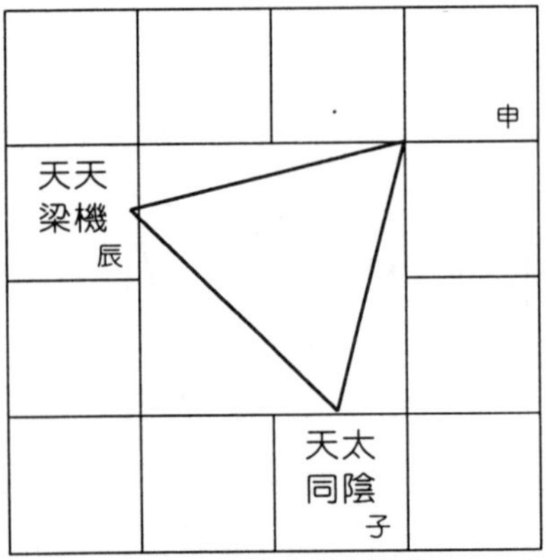

（註：天機、天梁戌宮同論）

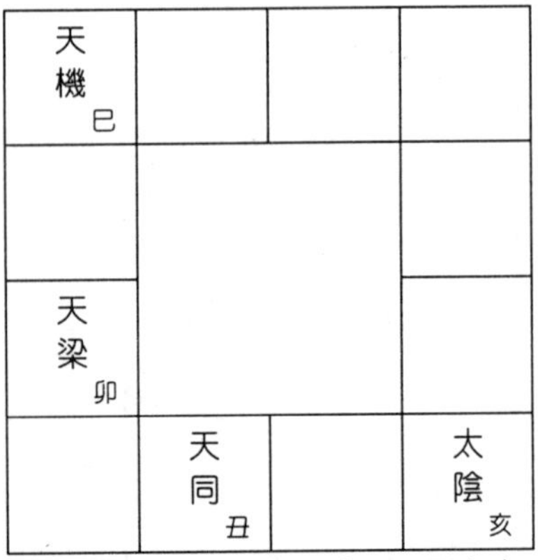

（註：太陰居巳，天機居亥，天同在未，天梁在酉同論）

④符合此格局者，主人聰明，有才智，很會讀書，而且還具有文人那股清高的傲氣，但卻顯得有些陰沈與神經質。不利感情，亦多有是非之徵驗。

⑤若機月在巳亥，多爲奸商市儈。

⑥宜學命理、玄學或宗教學術，以緩和精神上的神經質。

㈢、巨日同宮格

①巨日同宮成格要件，一定得太陽入廟，方始論吉應。

②巨日寅宮守命未必佳，除非逢化吉或白天生人，方以吉格論。

③巨日拱命即巨在亥宮、日在巳宮，主其人雄才蓋世、食祿馳名。

㈢

④巨日申宮入命，雖富有，但操勞競爭又疲憊，而且做事易有先勤後惰，缺乏恆心與毅力。更怕逢化忌星，主是非。

⑤巨日同宮的人，大多數具有良好的社交能力，以及特殊且專精的技藝，因此，一般均擁有很好的風評。

⑥古籍云：「巨日同宮，官封三代。」但須太陽入廟。

㈣、陽梁昌祿格

①只要命宮之三方四正會齊了太陽、天梁、文昌、祿存四顆星，即可謂之。

②具有此格局的人，主其聰明才智

(四)

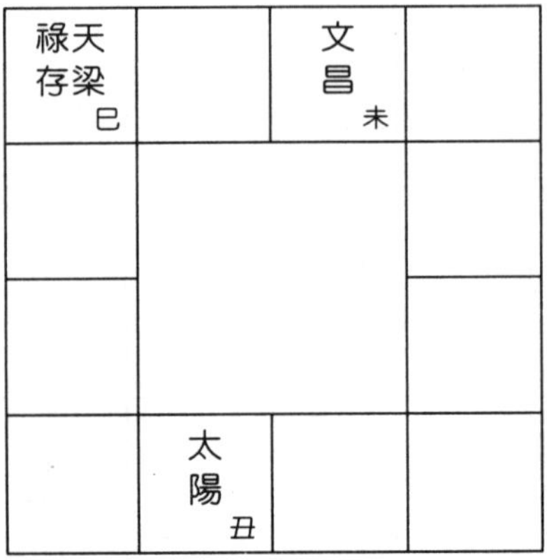

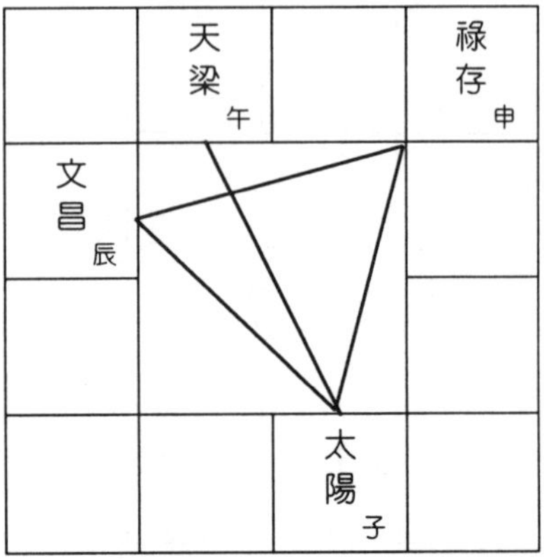

(四)

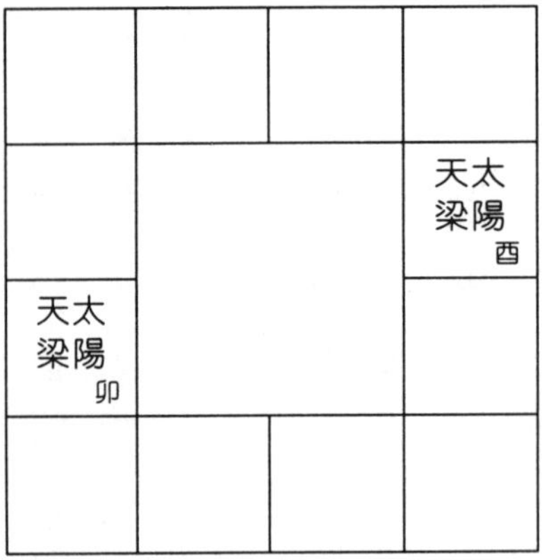

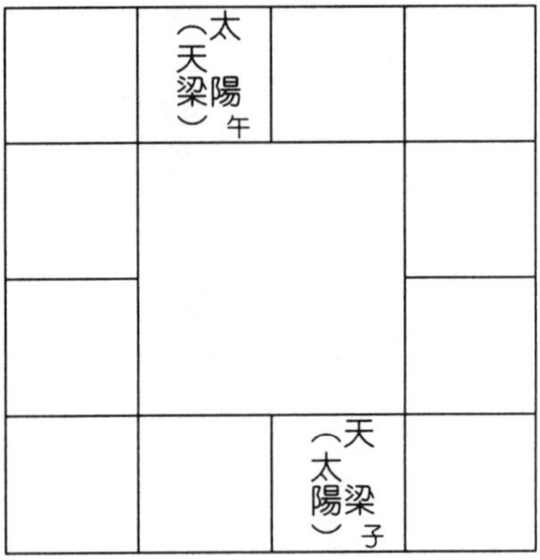

高，很會讀書，而且應試得以金榜題名的機會很大。

③古籍云：「天梁得太陽旺地於福德，三合昌曲，乃萬全聲名，極品之貴。」

④但亦有所差別，即：

「日照雷門，富貴榮華。」即太陽天梁在卯酉同宮。

「梁居午位，官資清顯。」即太陽天梁在子午對宮。

⑤均帶有富貴的傾向。另外亦宜經商作生意。

㈤、日月並明格（丹墀桂墀格）

①丹墀爲太陽，主貴；桂墀爲太陰，主富；日居辰巳，月在酉戌，方始成格。

②有關日月所組合的格局，在斗數的理論中甚多，如日麗中天、日出扶桑、日月同宮、明珠出海、月朗天門等，然其中的重點原則只有一個，即需日月廟旺，方始以吉論（中州派有「日月變景」的格局除外）。

③凡符合日月並明格局的人，主其人心胸坦蕩磊落，熱情爽朗，樂觀進取，且人際關係良好，層面廣闊。

(五)

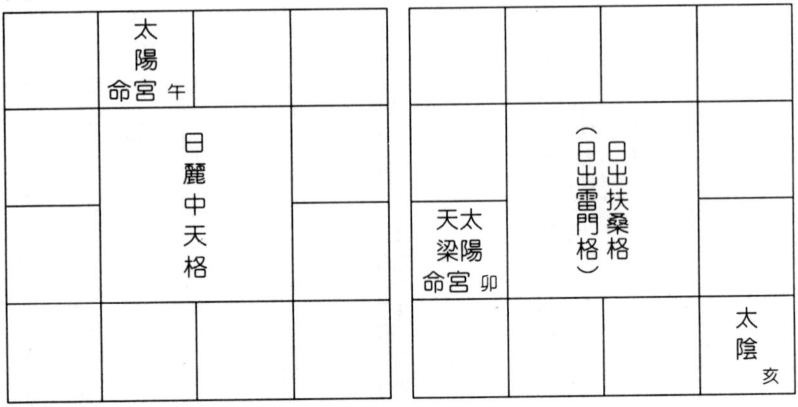
太陽
命宮 午
日麗中天格
天太梁陽
命宮 卯
日出扶桑格
（日出雷門格）
太陰
亥

(五)

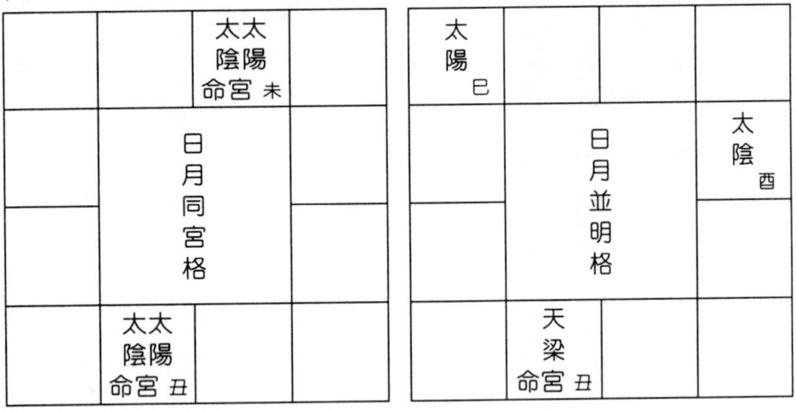
太太陰陽
命宮 未
日月同宮格
太太陰陽
命宮 丑
太陽
巳
日月並明格
太陰
酉
天梁
命宮 丑

㈤

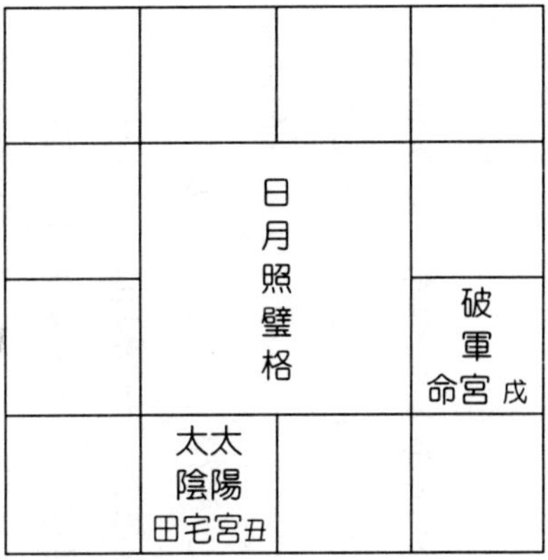

（註：命坐破軍在辰，太陽太陰在未守田宅宮同論）

㈤

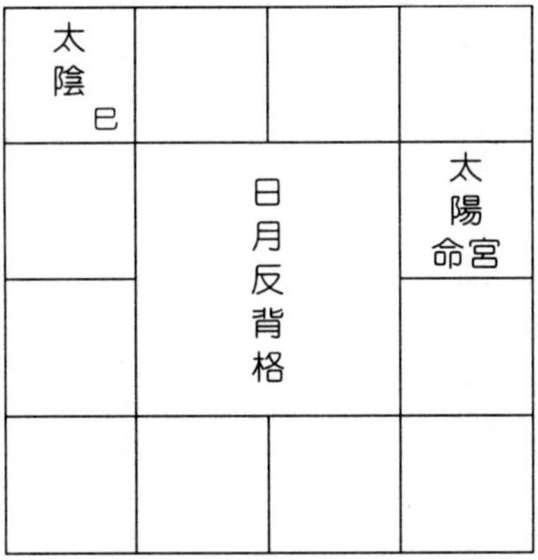

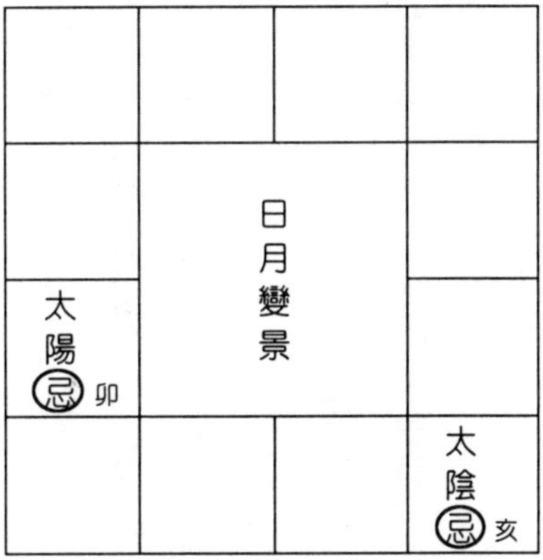

④「變景」的格局有二：

⑴文曲在午宮，與寅宮紫府會合，是為「魁星拱斗」。文曲與貪狼，或文曲與天機在午宮。

⑵太陽於卯宮化忌，太陰在亥宮化忌。

附註：

①具有「日月反背」格局者，主一生多奔波勞碌，人際關係助力少，性格較不開朗樂觀，且心態上多矛盾與衝突。

②但經常是突破逆境，或改變環境的英雄人物。

③符合「日月變景」格局者，凡運限走到，反有利於競爭，而終獲勝利。

④凡屬於「變景」之組合格局，三方皆不宜見火、鈴、空、劫，否則，以破格論之。

⑤具有「日月照壁」之格局者，一生擁有許多不動產，或繼承祖業，或自行添購均有之。但辰宮不喜有火鈴坐守，戌宮不喜入昌曲，否則，會有因桃花而破敗之徵驗。

(六)

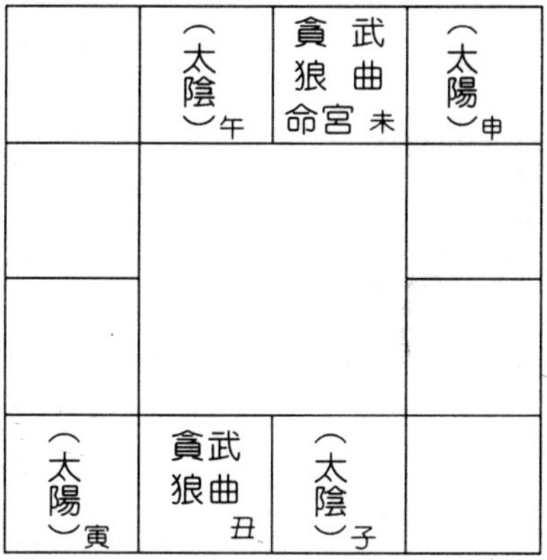

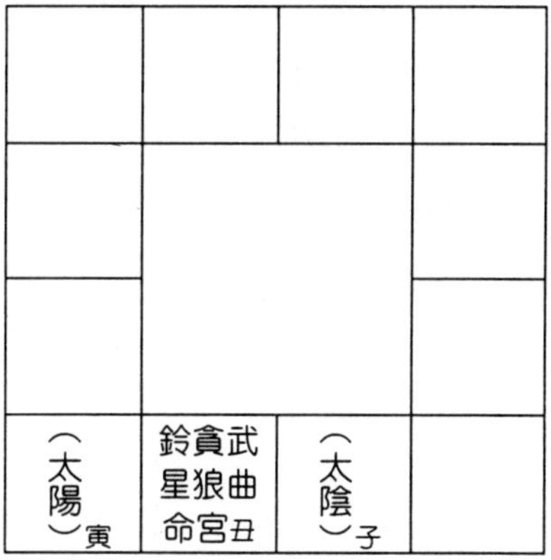

(六)、武貪同行格

①武貪丑未同宮坐命是爲正格，亦爲「日月夾命」之格局。若是命宮三方會入武貪二星，則命宮必無正曜。

②古賦云：「貪武墓中居，三十才發福。」此意象以武貪同宮坐命最爲顯著，至於三方會入者，就沒有那麼地強烈明顯，但亦可同論。若再逢會空劫，其徵驗更顯著。

③武貪格若是與火星或鈴星同宮，反成「火貪格」，或「鈴貪格」，主橫發。

④具此格局者，宜外鄉得意。

⑤武貪格，不喜逢會羊、陀與化忌，昌曲亦不美，易有感情上的糾紛徵驗。

(七)

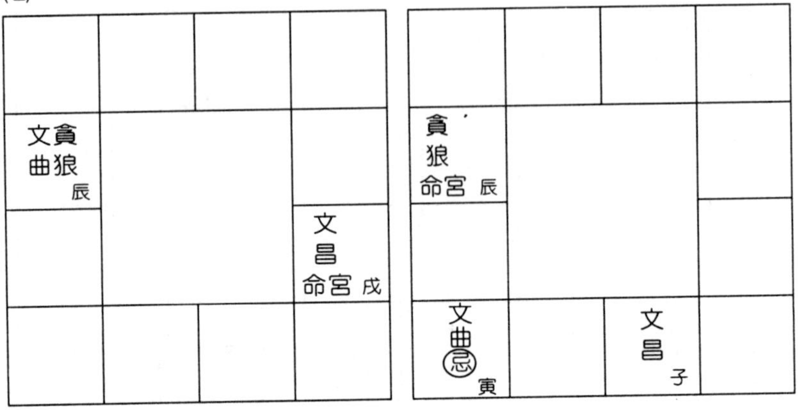

(七)、昌貪格、曲貪格

①文昌或文曲於三方四正內逢遇貪狼，即成格。

②古籍云：「貪狼與昌曲同度，必多虛而少實。」這就是所謂的「聰明反被聰明誤」之最佳例證。昌曲的聰明才智，貪狼的投機取巧是爲也。

③古籍云：「昌貪居命、粉骨碎屍。」這句賦文好像有點解釋太過之嫌，而且還要考慮一項因素。若是：

(1)化祿時，則主其人行事必先有全盤的考慮，與周詳的計畫，方始付諸於行動。

(2)化忌時，則主其人行事只求目的，不擇手段，因此才經常會出現一

(八)

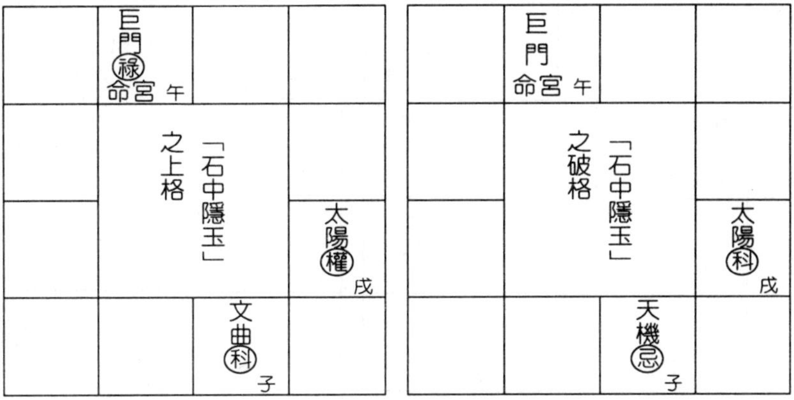

些極端的作風，而爲人詬病。

(八)、石中隱玉格

①巨門坐命在子午，且三方四正會有化祿，或化權，或化科者，方始成格。

②古賦云：「巨門子午喜相逢，更值生人丁癸中，早歲定爲攀桂客，老來滋潤富家翁。」因此，具此命格者，早年必爲艱辛勞碌，到了中年以後，才可以有所發達成就。

③個性上，小心謹慎；行事上，不敷衍塞責，乾脆俐落，肯吃苦奮發上進，而且眼光準確，說做就做。

④中年以前，經常會有「時不予我」之暗淡且不滿現實之狀。所以，總會讓

㈨

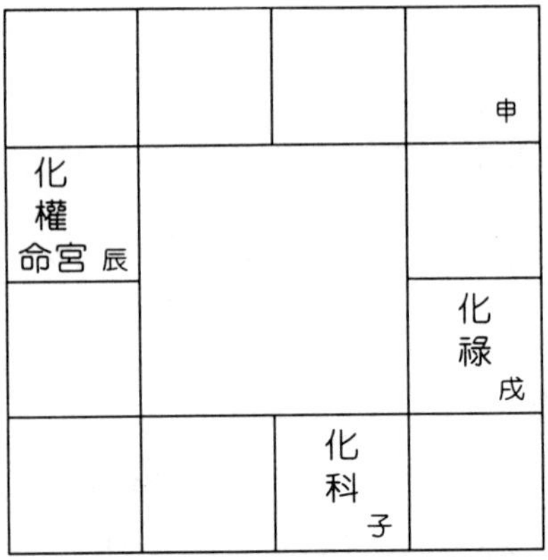

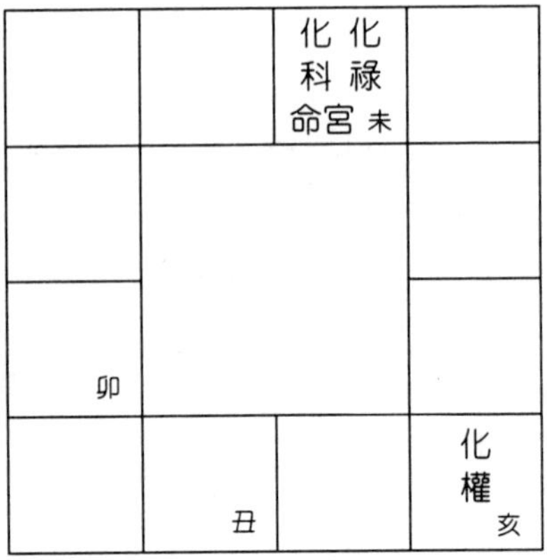

人覺得有很嚕嗦的現象。

㈨、三奇嘉會格

①三奇者，即指化祿、化權、化科三者，於命宮之三方四正會齊者，稱之爲「三奇嘉會格」。

②古賦文云：

「祿會祿存大富，權會巨武英揚，科會魁鉞貴顯。」

「祿權命逢合吉，威權壓眾相五朝。」

「權祿重逢，財官雙美。」

「科命權朝，登庸甲第。」

「權祿重逢，衣食豐隆。」

「權祿守財福之位，出世榮華。」

㈩

③若逢忌煞星沖照，主運程艱辛勞苦；若逢空劫，則行事無主見，朝三暮四，終無所成。

㈩、七殺朝（仰）斗格

①古賦云：「七殺朝斗，爵祿榮昌。」又云：「朝斗、仰斗，爵祿榮昌。」

②七殺朝斗格：七殺在寅，申坐命者稱之。

七殺仰斗格：七殺在子、午坐命者稱之。

③不管是朝斗、或是仰斗，最忌逢羊、陀、火、鈴、空、劫與化忌星，是爲以破格論。

④符合此格局者，主其人喜變化，

(十一)

		天鉞 命宮 未	
	天魁 丑		

		天鉞 午	
	天魁 命宮 丑		

富創造力，才能佳，是一個可獨當一面的人。如若再逢有六吉星的坐守或會照，則其不但能文能武，而且還富貴具兼。

⑤此格局的成功成就，必也需在奔波辛勞的競爭下始得。

(十一)、坐貴向貴格

①貴者，即天魁、天鉞二星是也。

②古賦云：「天魁天鉞，蓋世文章。」

③所謂「坐貴向貴」，就是二顆貴人互在對宮，相看兩不厭是也。

④天魁爲陽貴，白天生人吉。
天鉞爲陰貴，夜間生人吉。

(十三)

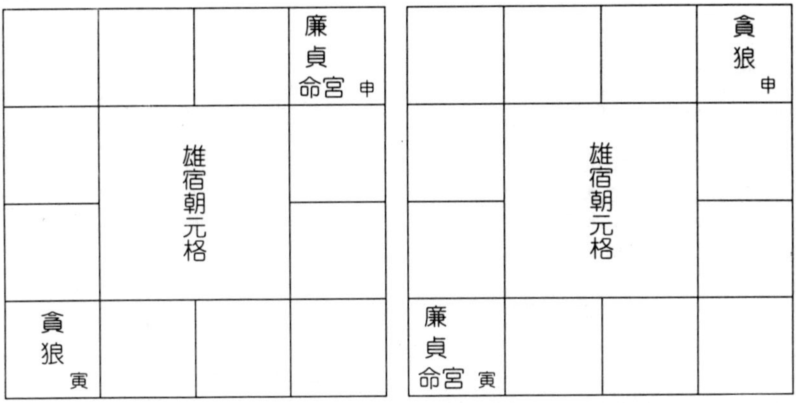

反之，主其人一切的行為表態會讓人看了，就會有一種想要「扁」他的衝動。

⑤有關魁鉞二星的排列法，有三種分歧之見。筆者於拙著《全方位論斗數》上冊第一二八頁中，已有詳盡的說明，請各位逕自購閱參考。

(十三)、雄宿朝元格

①廉貞居寅申坐命，且對宮逢貪狼，是為「雄宿朝元格」。另氣勢上，以廉貞在申坐命較為強局。

②廉貞為官祿主，貪狼為福德主，若是三方不逢會煞忌星曜，則其人必定是一位才華橫溢、口才一流、擅於交際應酬，且能任要職之輩。如古賦所云：「廉貞殺

(十二)

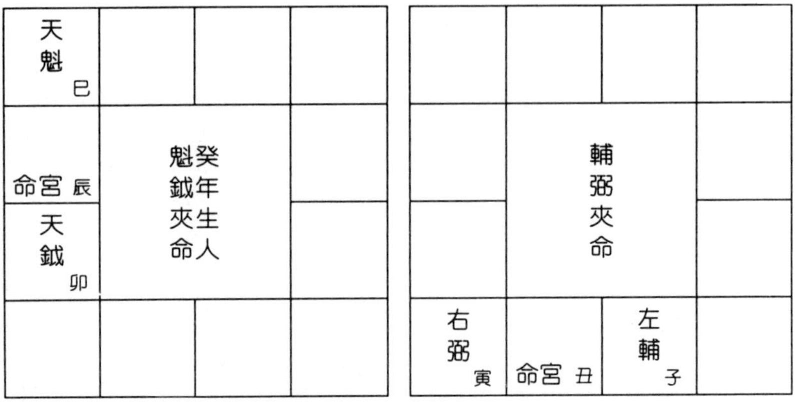

不加，聲名遠播。」即是最好的例證。

③此格局由於氣勢太強，桃花意味太重，所以對女命不宜。但於現今的角度而言，反正是男女平等嘛！亦不妨。

④本格局還具備了一種特色，那就是它也有〈紫府朝垣〉或〈府相朝垣〉的格局成份存在。

(十三)、雙吉夾命格

①雙吉者，即指左右、昌曲、魁鉞、紫府、日月、科權祿夾等

②古賦云：「兩鄰加侮尙可撐持，同室與謀最難提防。」

「兩鄰相侮豈爲災，自伐才教大可哀。」

(十三)

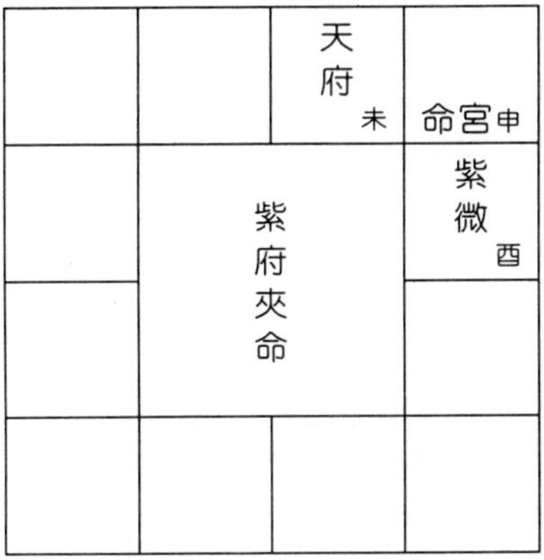
天府
未
命宮申
紫微
酉
紫府夾命

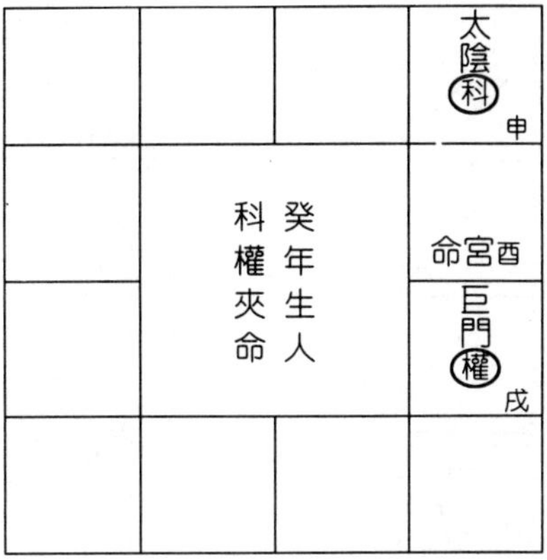
太陰
科
申
命宮酉
巨門
權
戌
癸年生人
科權夾命

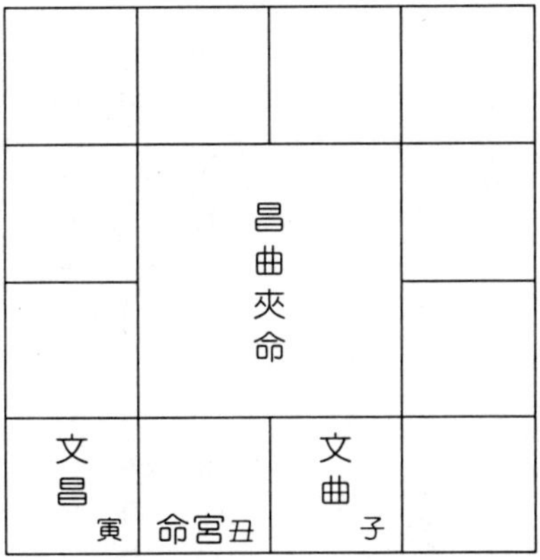
昌曲夾命
文昌
寅
命宮丑
文曲
子

太陽
午
天府
命宮
天機
太陰
祿
申
丁年生人
日月夾命

(十四)

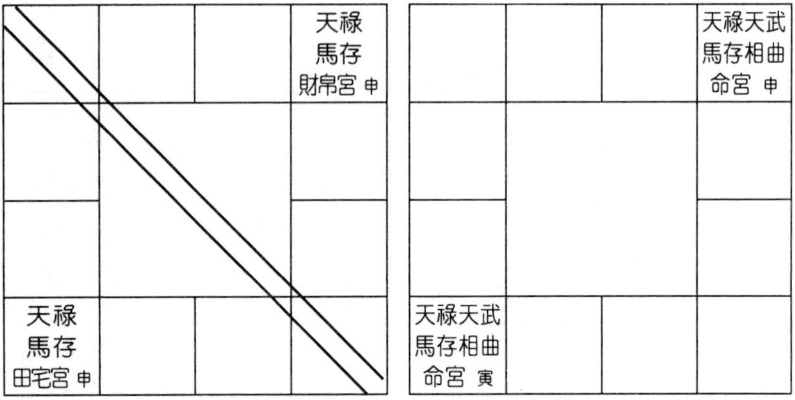

這兩句賦文若以白話釋義：即被外人欺侮，可能會有化悲憤爲力量的異軍突起象；但若是連自己都看不起自己，那可就什麼都不用說了。

③「紫府夾命爲貴格，科權祿夾爲貴格，左右夾命爲貴格，魁鉞夾命爲奇格，昌曲夾命最爲奇。」

(十四)、祿馬交馳格

①有關祿馬的格局很多，如祿馬配印格、財祿夾馬格等，另外，於風水學上亦有應用。

②祿爲財祿；馬爲一種動象，可引申爲活絡、暢通之意。故古賦云：「天祿天馬，驚人甲第。」又云：「祿馬最喜交馳。」

(十五)

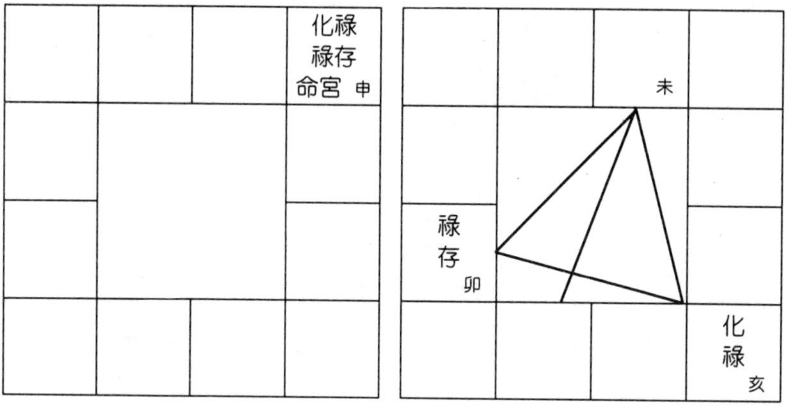

③因此，本格局在財帛宮，主財多；若在田宅宮，主房宅土地不動產多。

④本格局逢四煞沖，是爲破格。

⑤命馬、祿存與天相於四屬地同宮坐命，是謂「祿馬配印格」；若命馬坐命，武、祿來夾是謂「財祿夾馬格」。

(十五)、雙祿會輔格

①雙祿，指祿存與化祿是也。此二祿於三方四正會逢，稱之爲「雙祿會輔格」。

②古賦云：「合祿拱祿，定爲巨擘之臣。」

「合祿拱祿堆金玉，爵位高遷衣紫袍。」

「雙祿重逢，終身富貴。」

(十六)

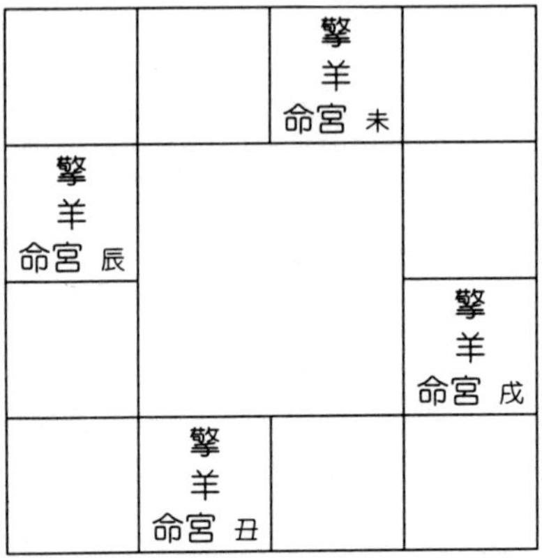

「財官二處與遷移，雙祿逢之最有宜；德合乾坤人敬重，滔滔富貴世稀奇。」

③具此格之人，財官雙美，有名望，女命亦然。但若與天同同宮，有過度疏懶之象；若與天梁同度，自大疏狂且說話不實在。

④女命雙祿加天馬，雖才能高超，但卻有「呂后專權」之象。

(十六)、擎羊入廟格、英星入廟格

①擎羊本爲刑殺之星，但若入辰、戌、丑、未守命者，其凶性反爲所制，形成一種威權與衝勁之吉效應。

②古賦云：

「擎羊入廟，富貴聲揚。」

「擎羊火星，權威出眾。」

③英星指破軍而言，若居子或午坐命者，稱爲「英星入廟格」。若逢煞星沖破，福不耐久；若逢會文曲於午宮，有水厄。

④古賦云：

「破軍子午宮無殺，官資清顯至三公。」

「北斗英星最有權，坎離之上福綿綿；黃金建節超廊廟，統帥英雄鎮四邊。」

(十七)、馬頭帶箭格

①馬頭帶箭格是較爲狹義的格局，僅丙戊生人成格。

②古賦云：

「馬頭帶箭，威鎭邊疆。」（僅丙戊生人適用），代表著一種利於強烈競爭中取勝之氣勢。

「馬頭帶箭，非夭折則主刑傷。」

③本格局之所以僅丙戊生人有吉應，其重點即在於有祿星制化擎羊之煞氣

(七)

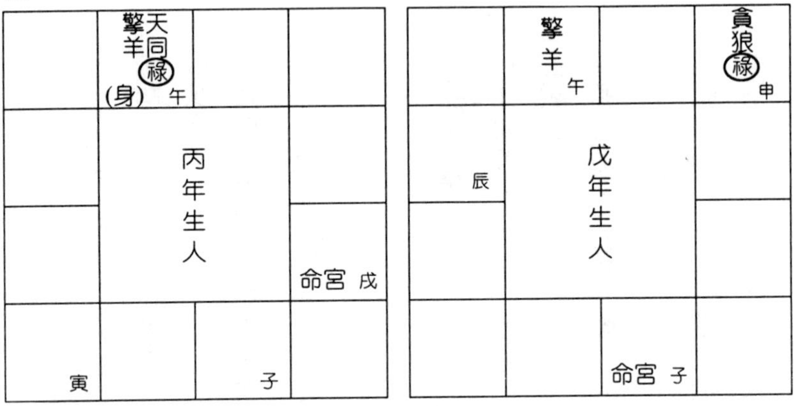

為用。

④馬頭，即指午宮而言；箭，指擎羊而言。因此，馬頭帶箭即是指擎羊居午宮是也。

⑤本格局丙戊人雖有吉應，但惜不耐久。

(六)、殺破狼格

①七殺、破軍、貪狼三星，於斗數命盤的排列上，是恒成三合之關係。

②殺破狼亦稱「竹蘿三限」。其格局氣勢非常之強烈剛猛，因此，非常地適合去做冒險開創的事業。但儘管如此，最後的成敗還是得與全盤相互地配合論述。

③殺破狼格局亦是具有變動性很大的

(六)

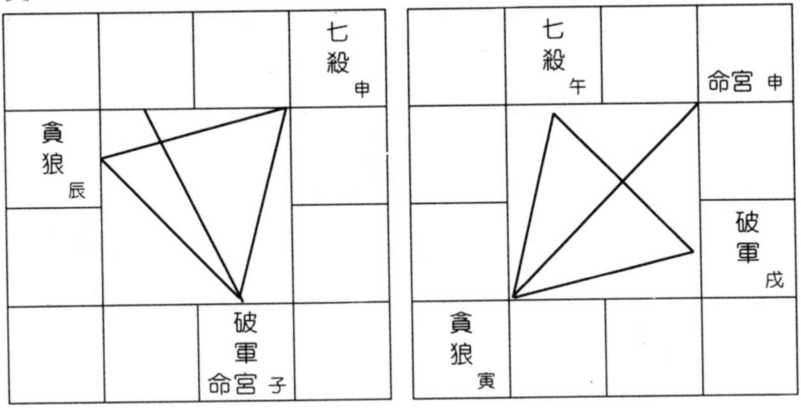

氣勢。

④古賦云：

「殺破廉貪俱作惡，廟而不陷掌三軍。」

「貪狼廉貞破軍惡，七殺擎羊陀羅凶。」

⑤拙著《全方位論斗數》下冊第八章有更進一步的闡述，有興趣的讀者，可逕自購閱參考。

貳、凶格部

(一)、君臣不義格

①紫破在丑未同宮，或在辰戌對宮，則稱為「君臣不義格」，若是會於其他宮

(一)

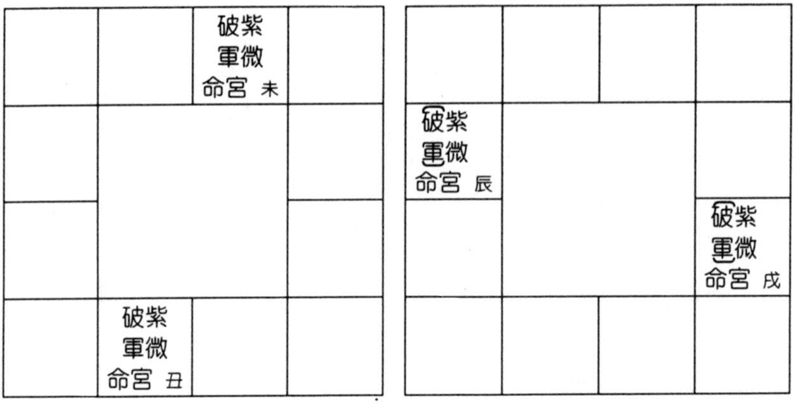

位之三合關係，則不予採用。

②古賦云：

「奸謀頻設，紫微愧對破軍。」

「紫破辰戌，君臣不義。」

「紫微辰戌遇破軍，富而不貴有虛名。」

「紫微遇破軍在辰戌丑未四墓宮，主為臣不忠，為子不孝。」

③「君臣不義」若是以現代角度而言，可演繹為父母與子女，主管與部屬，或是你我之間等情形論之。

(二)、刑忌夾印格

①刑，指擎羊或天刑；囚，指廉貞；印，指天相而言。

(二)

②根據命盤排列法則，天相絕對不可能給廉貞所夾，而是同宮的情形。但卻有被巨門化忌與天梁所夾，因此，中州派的理論認爲應改爲「刑忌夾印」才正確（中州派認爲天梁有「刑」的意象）。

③具此格者，是爲一種匹夫之勇的徵象，故主刑傷災重，且基於巨門化忌的效應，所以，一生是非爭訟不斷。

④女命若具此命格者，有刑夫剋子，以及易流產，有開刀之厄；男命刑傷亦是難免。

⑤此格局喜會昌曲，於工作事業上尚有發展。

(三)、兩煞夾命格

(三)

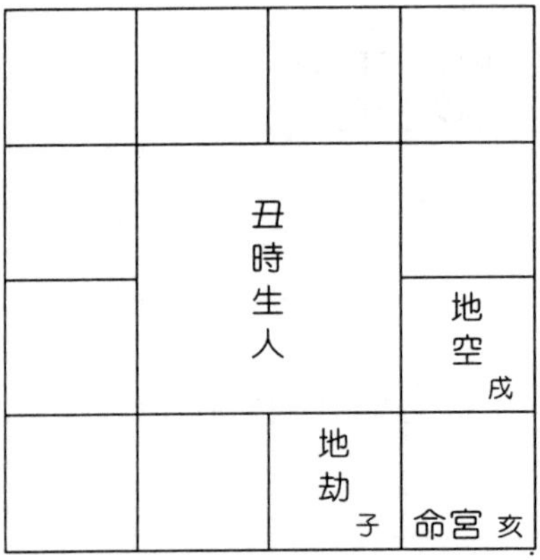

①大致上而言，「兩煞」是指六煞星中之對星而言，如羊陀、火鈴、空劫等。

②古賦云：「夾空夾劫主貧賤，夾羊夾陀爲乞丐。」

「火鈴夾命爲敗局，羊陀夾忌爲敗局。」

「三夾命凶六夾吉，三夾身凶六夾吉。」

③一般而論，若逢此格局，最好能習得一技之專長，如此，反會有大放異彩，令人刮目相看之徵驗。

④儘管古論盡是一些凶惡之敗象，但於實務論斷時，還是得依活盤運限推演的原則而論斷之。

(四)

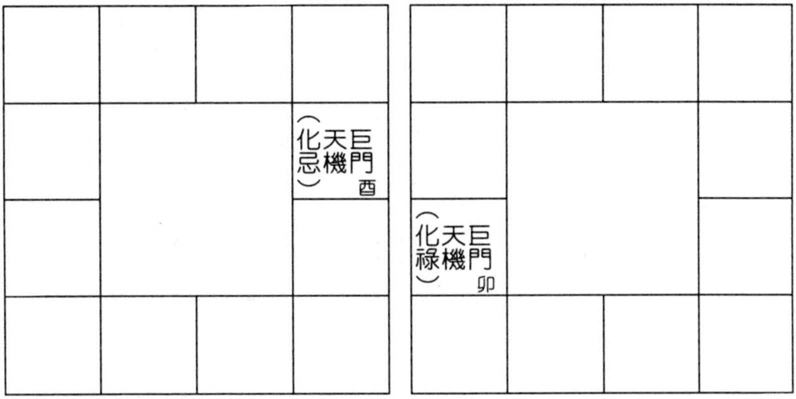

(四)、木敗水死格

①巨門與天機在酉同宮，又逢化忌，是爲木敗水死之象，故謂之。

②古賦云：

「兌位天機巨曜過，化凶辛苦受奔波；心高意勇何曾歇，語話無情句亦訛。」

「女命，巨門天機爲破蕩。」

「巨陷天機爲破格。」又云：「巨機酉上化吉，縱有財官也不終。」

③凡具此格之人，主一生奔波辛苦、行事不腳踏實地，縱有財官，亦只是曇花一現。

④卯宮巨機化吉，女命雖有富貴，但亦不免淫佚飄蕩。

㈤

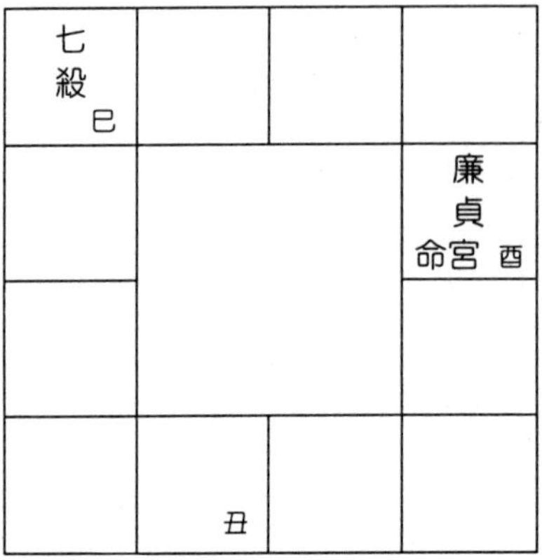

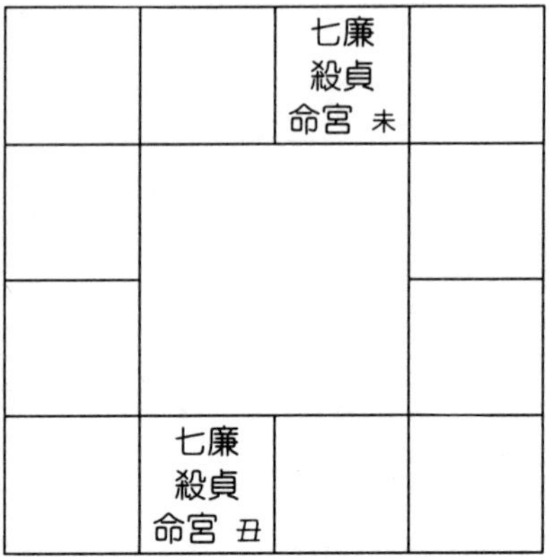

㈤、廉殺埋屍格

①廉貞、七殺二星，氣勢都很強，且均有一種不安定之動象。

②古賦云：「七殺廉貞同位，路上埋屍。」（指同身命）。

「貞逢七殺實堪惕，十載淹留有禍殃；運至雖求多不遂，錢財勝似雪流湯。」

「廉貞七殺居巳亥，流蕩天涯。」又云：「廉貞四殺遭刑戮。」

「廉貞羊殺官祿，枷杻難逃。」又云：「廉貞白虎、刑杖難逃。」

③廉殺逢吉，雖有名利顯達之象，但仍不免東奔西跑。

④廉殺再會煞忌星，主有交通意外血光，女命主開刀、流產之象。

㈥

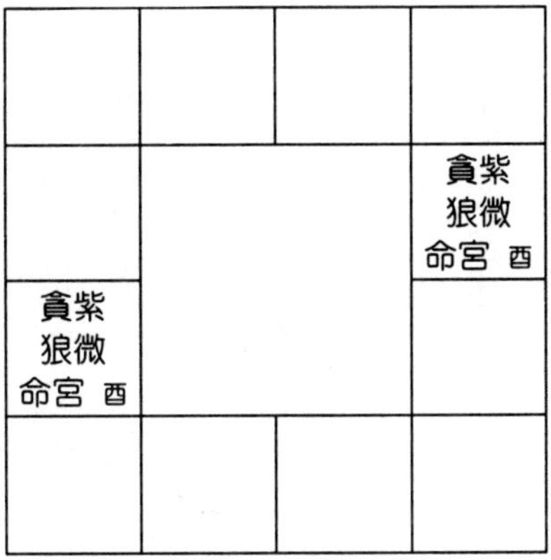

㈥、帝居卯酉格

①帝者，指紫微星是也。

②若紫微星在卯或酉守命者，稱之爲「帝居卯酉格」。

③紫微居卯酉必與貪狼同宮。另子午之紫貪可照見天相，是爲君臣慶會格，此點希望各位要分辨清楚。

④古賦云：

「紫微貪狼爲至淫，男女淫邪。」（言過其實，必須逢煞方成立）。

「女命紫微與貪狼同宮，落風塵。」（言過其實，必須逢煞方成立）。

「紫微貪狼身命同垣，男女邪淫奸詐巧語。」

「極（紫微）居卯酉，劫空四煞，多為脫俗之僧。」（不一定）。
「紫微卯酉忌相逢，文曲蹉跎豈有成；借問此身何處去，衲衣削髮居空門。」

⑤紫貪格局之現代意象：
(1)浪漫多情。
(2)極易觸電。
⑥若逢煞忌星曜：
(1)思想層次較為脫俗。
(2)看破紅塵俗事，但不一定非出家，得視個人之狀況而定。
⑦若逢桃花星曜：
(1)比較執迷。
(2)易於感情用事。

㈦、日月反背格

①本格正好與「日月得地（並明）格」相反。

(七)

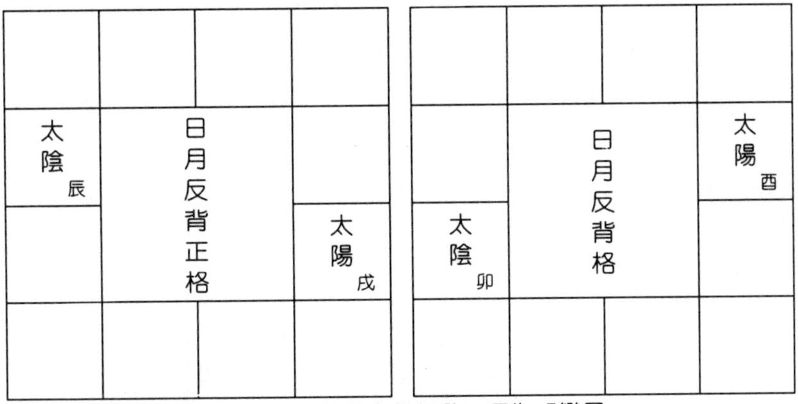

註：太陽居亥，或太陰在辰，若見吉化無煞、反為「變局」。

②太陽居戌宮，太陰居辰宮，是爲「日月反背」之正格。

③符合此格局者，終身奔波辛勞難免，但未必一生無所成就。

④此格局若是太陽生命者，個性較爲剛硬，很能吃苦；若是太陰坐命，則思想層次較爲脫俗，宜宗教或命理。

⑤太陽爲發射性的能量，爲博愛；太陰爲吸收再反射性的能量，亦主博愛，因此一生桃花糾纏現象很顯著。

⑥由於太陽、太陰是爲陰陽之代表，所以一旦地位更易，則會有矛盾、不順之徵象。

⑦日月反背，與雙親較爲緣薄。

(八)

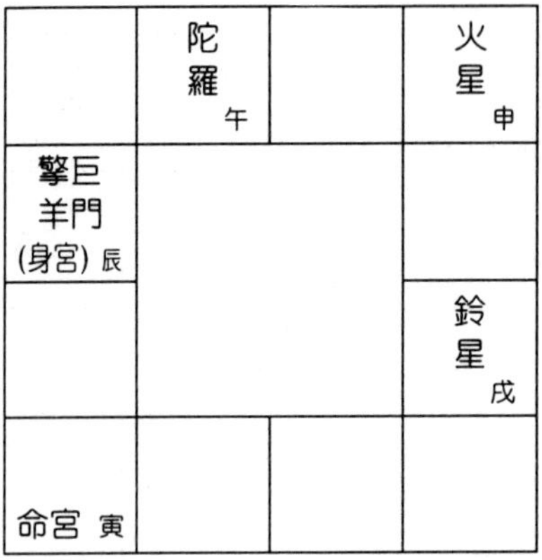

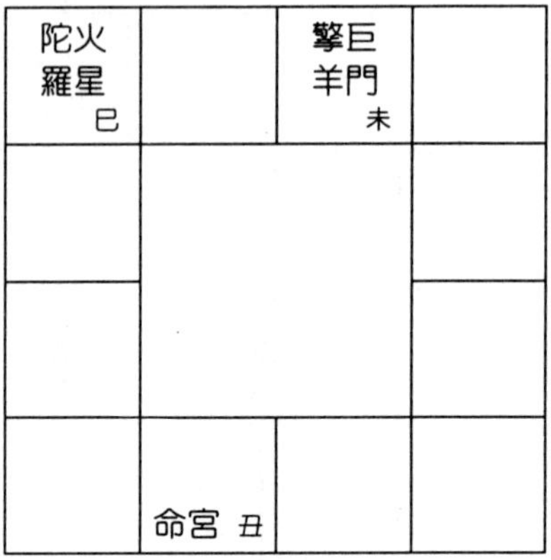

(八)、巨逢四煞格

①命身宮三方四正巨門與四煞逢會稱之。

②古賦云：

「巨門落陷在身宮，四煞偏遇命裡逢；若是吉星無救解，必遭流配遠方中。」

「巨門四殺陷而凶。」又云：「巨火鈴星逢惡限，死於外道。」又云：「巨門陀羅，必生異痣。」

「巨門羊陀於身命疾厄，羸黃困弱盜而娼。」又云：「巨火擎羊陀羅逢惡曜，防縊死投河。」

③本格局最怕行「殺破狼」之運限。

(九)、鈴昌陀武格

(九)

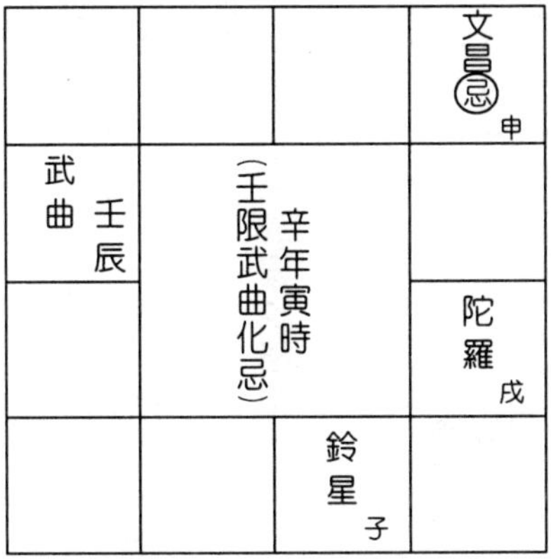

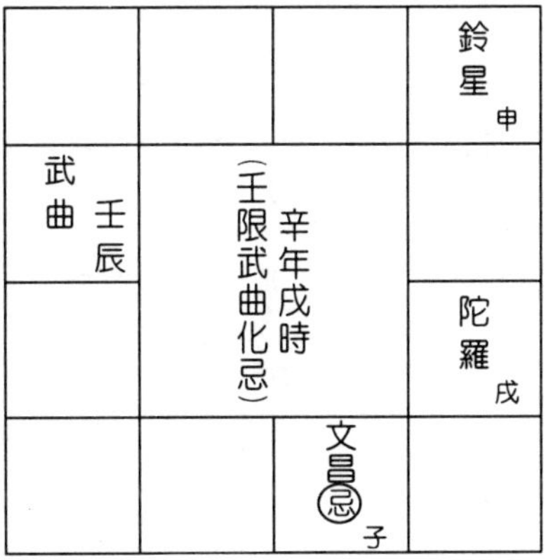

①武曲於辰戌獨坐，三方逢會鈴星、陀羅、文昌等星是謂之。

②古賦云：「此四星交會辰戌二宮，辛壬乙生人，二限行至辰戌，最忌水厄；又加惡煞，必死外道。」又云：「如四星在辰戌坐命亦然。」

③運限逢此格局，凡事挫折不成。

④本格局於一般坊間斗數書籍甚少提到，但它卻是斗數中一個很重要的星系組合，還望請讀者格外注意爲是。

(十)、泛水桃花格、風流綵杖格

①貪狼在亥子，謂之「泛水桃花格」。因貪狼爲「體水氣木」。

②古賦云：「假如身命坐於亥子，遇

(十)

貪狼逢吉曜，遇刑忌，男浪蕩，女淫娼。」

③本格若逢吉曜，反作有藝術才華解釋。

④若是女命，僅可以福德不佳，婚姻不好解。

⑤貪狼獨坐寅宮與陀羅同度，若再逢火星，或是天刑會合，稱之為「風流綵杖格」。

⑥此格局若居命宮，主終身為情困擾折磨；若於運限逢會，主有因情而惹是非。

⑦本格局古賦所註錯得太離譜，因為擎羊永遠不可能在寅宮坐守。

結語

本篇所介紹的星系組合，僅是針對著

一般較為常見且實用的格局，而加以闡述與解析。由於古今社會背景型態之差異，所以，在對這些格局組合意象之釋義上，絕對不能再以「古云今云」、「蕭規曹隨」一成不變的態度而為之。

當然，內容中的見解，僅是一種提示的作用，各位亦可逕自地作更為廣泛之演繹，畢竟各人的人生歷練、經驗差異有別。

如果你有更好的見解或看法，亦非常歡迎你來信，共同切磋與研討。

三、「宮位大挪移」——實務論斷訣彙整

斗數命學之所以會造成時下風靡的熱潮，主要的原因在於：

(1)易學易懂。

(2)人事宮位之互換意象。

初學斗數，只需要將如何地排列命盤與安佈星曜學會，就算是已踏入了斗數的門檻，所以說「易學」；再來就是瞭解星曜的屬性、性情，以及四化的應用，如此大概也可算是完成了初中級的進度，所以說「易懂」。

但是，若想將斗數玩得出神入化，神準異常，那可就不是一件輕而易舉的事了，所以對於愈深入探討斗數命學領域的人，愈會發覺其內容之廣泛且博大精深，因此，又有人說斗數是「易學難精」，的確，「懂」和「精」二者，還是有著很大的距離，不是嗎？

「宮位大挪移」的實務論斷法則，才是斗數最靈活的實務應用，因爲，基本的「人事十二宮」，即包含了我們周遭人、事、地、物的種種現象，但再經由「宮位大挪移」的相互轉換與演繹，則舉凡與我有關之諸事諸物，均可由此推演而論述。因此，也就是這個因素，才造成大家對它的著迷與浸溺其中，且無法自拔。

在還沒有介紹前，筆者首先聲明，那就是有關「宮位大挪移」的引申推演，其範圍實在是太廣泛了，所以，於內容上，我盡量以一些較爲實用且與切身有關的列爲優先，至於其它的，則還有待各位讀友自行去收集彙整，此點尙請大家能予以見諒爲是。

㈠、命　宮

1.命遷線，是爲生命體活動的現象。
2.命宮爲大太極，福德宮是小太極。
3.命疾一六共宗，命爲性，疾爲心。
4.命宮也是祖母的宮位，以六親角度而論。
5.命宮是看財帛支出的狀況。
6.命宮可查看事業體資金與現金運轉之狀況。
7.命宮可看疾病變化的吉凶狀況。
8.命宮是看住宅中的走廊。
9.命宮可看出一個人的個性如何。
10.命宮可看出配偶習性的好壞。

㈡、兄弟宮

1.兄僕線可看出行運間之成敗。
2.兄弟宮也是看母親的宮位；另外，亦是男命的岳父宮位，女命的公公宮位。（但盡是一些不學無術之輩所用之「煙幕法」，非常地不切實際，要論準確，最好以個人資料爲主。）

3.兄弟宮可看在外之交際手腕與能力，以及成果如何。

4.兄弟宮可看出一個事業體前途之吉凶，而加以事先提出預防與解決之道。

5.兄弟宮可看出身體事故的嚴重徵象。

6.兄弟宮可看出動產的狀況。

7.兄弟宮可看夫妻房，或床位之風水狀況。

母親 公公（女） 岳父（男） 大哥 兄弟宮	我 祖母 命宮	父母（廣義） 父（狹義） 大姊 父母宮	祖父 二姊 福德宮
配偶 二哥 夫妻宮	六親之命盤推演法		配偶的朋友 三姊 田宅宮
長子 三哥 細姨 子女宮			官祿宮
我 財帛宮	疾厄宮	遷移宮	僕役宮

8.兄弟宮可看一個人之壽元長短狀況。
9.兄弟宮可看出財庫狀況之好壞。
10.兄弟宮可看出陰德福蔭之好壞。

㈢、夫妻宮

1.夫官線可看行運間之吉凶禍福，一般又稱爲事業線。
2.夫妻宮可看出前世因果之報應。
3.夫妻宮亦是住宅中之廚房位。
4.夫妻宮可看出事業體隱伏在外之危機。
5.夫妻與疾厄宮可看出夫妻間緣份之深淺。
6.夫妻宮可看出一輩子與財之緣份深淺。

㈣、子女宮

1.子田線是財庫，也是桃花線。
2.子女宮可看出一個人的性趣與嗜好。

3.子田線可看出是樂極生悲？抑是歡樂享受的宮位。
4.子女宮可看出與弟子、學生、部屬、細姨之人事關係。
5.子女宮可看出合夥的關係。
6.子女宮是住宅前方的風水景觀狀況。
7.子女宮是臥室。
8.子女宮可看出子女的個性。

(五)、財帛宮

1.財福線可看出一個人終生能賺有多少錢。
2.財帛宮可看出事業經營的狀況，以及損益的情形。
3.財帛宮可看出生財的來源，以及生財之道。
4.財帛宮亦可看出我與配偶間的相對待關係。
5.財帛宮是看住宅的玄關狀況。
6.財帛宮可看出其人福蔭之因果關係。
7.財帛宮可看出一個人在外運途的順遂與否。

右手 巳	頭 午	肩脛 未	左手 申
肝膽 辰			心肺 酉
右膀 腹胱 卯			卵左腎 巢腹臟 戌
右腳 寅	肛門 丑	器生 官殖 子	左腳 亥

面喉 巳	心口 舌 午	胃唇 未	肺胸 申
肩脾 辰			皮小 毛腸 酉
背肝 卯			膝脇 戌
肝膽 寅	腹脾 丑	腰腎 子	髮膀 胱 亥

㈥、疾厄宮

1.命宮為性、疾厄宮為心，故可看其人內心的意識型態。

2.疾厄宮是為前生今世因果交易變化展現的宮位。

3.疾厄宮是看營業場所風水好壞的宮位。

4.疾厄宮可決定住宅整體風水好壞的宮位。

5.疾厄宮是看住宅的客廳。

6.疾厄宮是看疾病之徵狀。

7.疾厄宮可看一個人的氣魄展現。

8.疾厄宮可看祖上的風水，以及父母遺傳之好壞因素。

9.十二地支宮位症狀整理如圖表（七十一頁）

(七)、遷移宮

1.遷移宮可看在外發展好壞的狀況。
2.遷移宮可看與父母長上間的相對待關係。
3.遷移宮可看父母壽元長短之狀況。
4.遷移宮可看陰德之如何，即俗謂之「業障」。
5.遷移宮是住宅中的主臥室。
6.遷移宮可看事業合夥經營的適宜與否。
7.遷移宮可看其人外在的個性表現。
8.遷移宮可作爲性犯罪心理之研討。

(八)、僕役宮

1.僕役宮是藏福之所，成就與否之徵驗處。破則有災，重者甚有喪命之虞。
2.僕役宮是看壽元長短參考之宮位。

3.僕役宮可看公司上司之好壞，以及外面上游公司之情形。
4.僕役宮可看結交朋友好壞之情況。
5.僕役宮可看住宅中之神位風水。
6.僕役宮可看在外人際關係之好壞。
7.僕役宮可看錢財花費流落的情形。
8.僕役宮可看夫妻間相處和諧與否之狀況。
9.僕役宮可看一生不動產有多少的參考宮位。

㈨、官祿宮

1.官祿宮爲命宮的氣數位，代表著一種兌現支付成就之徵象。
2.官祿宮可作爲選擇職業性質的參考。
3.官祿宮與夫妻宮爲對宮，相互間有消長、升降之關係。
4.官祿宮是造就錢財的靈動處所。
5.官祿宮可看疾病發生之原因。
6.官祿宮可看人際相對待的關係。

7. 官祿宮可看父母的前世因果報應。

8. 官祿宮是造就不動產多寡之主要因素。

9. 官祿宮是住宅中之書房。

10. 命宮與官祿宮合十，爲大成之數，故合二者共參，則一生成敗之契機，即可掌握大概了。

事業體質架構狀況 兄	投資金額現金 命	成品 子公司 客戶 父	連鎖關係企業 福
事業體外觀之氣勢 夫	官祿宮為體 各相關宮位為用		同事 客戶 同行 田
部屬 子弟 股東 子			我公司 宮
實際損益狀況 財	營業工作場所 疾	營業額 遷	上游公司 上司 源頭工廠 僕

㈩、田宅宮

1.田宅宮是看家裡的狀況。
2.田宅宮是診斷錢財之健康狀況。
3.田宅宮是看同行或同事之宮位。
4.田宅宮是看疾病發展的動向與趨勢。
5.田宅宮是看外在的桃花現象，表與年紀較大的有關係。
6.田宅宮是看一生不動產發展之狀況。
7.田宅宮可看祖上風水好壞的問題。
8.田宅宮可看夫妻是否能百年好合、白頭偕老。
9.田宅宮可看出子女內在個性之如何。
10.田宅宮位爲十，是爲集大成之位，故可看其人一生總成績好壞之宮位。
11.田宅宮可看其人善惡觀念之抉擇標準。

神位 僕	主臥室 遷	客廳 疾	玄關 儲藏室 財
書房 左鄰 官	田宅宮為體 各宮為用		屋前景觀 臥室房間 大門 子
田宅為體 申			廚房 夫
陰宅風水 右舍 買賣狀況 福	客房 小客廳 父	巷路 走廊 通道 命	夫妻 床位 兄

(十一)、福德宮

1.福德宮可看一個人晚年的情景如何。

2.福德宮可看祖德庇蔭之好壞。

3.福德宮可看一個人的心性與嗜好。

4.福德宮可看關係企業往來的狀況。

5.福德宮可看出擁有不動產之得失狀況。

6.福德宮可看祖父母。

7.財福線互為消長關係，多財則少福、少財則多福，是故，亦是看一個人

大成位 田	氣數位 官	僕	隱性意識 遷
小太極 嗜好 祖德福蔭 福	命宮為體 各宮為用		體心 情慾 體質 疾
遺傳 相貌 父			財
大太極 體性 命	兄	夫	子

對於錢財的心性表現。

8.福德宮是心性表現的宮位，所以，一般屬內在自我的病症，均可由此宮看出。時下流行的「自殺」傾向症狀，亦可由此宮先行觀察發現。

9.福德宮是小太極、命宮是大太極。

〈十二〉、父母宮

1.父母宮又稱相貌宮、文書宮、遺傳宮、道德宮、榮譽宮。

2.父母宮狹義的，單看父親；廣義的，是看父母之狀況。

3.父母宮是心性情慾展現之宮位。

4.父母宮可看債券、票據上等來往之關係狀況。

5.父母宮可看子公司，或下游公司之狀況。

6.父母宮於住宅而言，是為小客廳之處所。

7.父母宮可看疾病外顯之徵象。

8.父母宮可看在外人際關係欠佳之檢查宮位。

㈩三、身宮

1.身宮代表著一種後天氣數加強的宮位。

2.身宮僅與人事宮位中單數的宮位同宮，即與命、夫、財、遷、官、福等宮。

3.古賦文彙集參考：

《斗數準繩》：

「命居生旺定富貴，各有所宜；身坐空亡論榮枯，專求其要。」

《重補斗數彀率》：

「窮通大概，以身命爲禍福之柄。」

《斗數骨髓賦》：

「要知一世之榮枯，定看五行之宮位；立命便知貴賤，安身即曉根基。」

「命好身好限好，到老榮昌；命衰身衰限衰，終身乞丐。」

㈩四、密宗與斗數十二宮互參

斗數十二宮	密宗十二宮
1. 命　宮	命　宮
2. 兄弟宮	財帛宮
3. 夫妻宮	兄弟宮
4. 子女宮	田宅宮
5. 財帛宮	男女宮
6. 疾厄宮	奴僕宮
7. 遷移宮	夫妻宮
8. 僕役宮	疾厄宮
9. 官祿宮	遷移宮
10. 田宅宮	官祿宮
11. 福德宮	福德宮
12 父母宮	相貌宮

（註：「男女宮」即「子女宮」；「相貌宮」即「父母宮」，或稱「文書宮」。）

四、「納音」論斷應用訣法

「納音」，這個項目於命理學術中，可說是應用極為廣泛的理論，甚至於風水學中亦不例外。但是，很奇怪地，在斗數命學中，卻好像將它僅僅用於決定「五行局數」而已，雖然也有見過命盤上標示著「命宮納音」、「生平納音」的名目，但卻未曾見有人加以深入地去探討與應用，至於著書立說那更是絕無僅有。私自忖惻，可能是內容太過於簡單，沒有所謂「賣點」的價值，因此，大家才將其如垃圾般地棄置，且不屑一顧。

的確，「納音」意象的應用論斷理論，是沒有如「四化」般地令人眼花撩亂，且能自吹自擂地任意發揮，但是，若真有過深入地去做探討的人，必定可發現一個事實，即就是——它不但能將人一生的運數描繪得如身歷其境，而且更能準確地查驗出順逆運境的狀況如何，甚至更隱藏了「生死之秘」的契機。

儘管如此，它外表太過簡易且不帶賣弄的徵象，也只好被眾人視為「次級」的理論，但所謂的「真金不怕火」，而它也只好無奈地嘆道：「外行人看熱鬧，內行人看門道。」

原本想以廣泛且深入地來介紹「納音」的論斷玩法，但由於受限於篇幅，且本書的主題又不在此，所以，只有待日後有緣，筆者自再著專書論述之。關於這點，還盼吾道同儕們能見諒筆者為是。

㈠、納音簡介

明，周祈《名義考》云：「鬼谷子作納音，納者，受也；音者，感物助聲也。水音一六，火音二七，木音三八，金音四九，土音五十，此生成數也。甲己子午九，乙庚丑未八，丙辛寅申七，丁壬卯酉六，戊癸辰戌五，巳亥四，此干支之數也。五行之中，惟金木有自然之音，水火土必相假而後成音；水無音，假土則激，火無音，假水則沸，土無音，假火則烈。以干支之數，合生成之數，感物助聲，而音斯受矣！」

簡言之，將六十甲子分配五音：宮、商、角、徵、羽的法則，就稱為「納音」，因此，一般又稱「六十甲子納音」，或「六十花甲子納音」。宋，沈括《夢溪筆談》云：「六十甲子有納音，一律含五音，十二律納六十音。」

宮	屬土	生金	甲子乙丑	甲午乙未	壬申癸酉	壬寅癸卯	庚辰辛巳	庚戌辛亥
商	屬金	生水	丙子丁丑	丙午丁未	甲申乙酉	甲寅乙卯	壬辰癸巳	壬戌癸亥
角	屬木	生火	戊子己丑	戊午己未	丙申丁酉	丙寅丁卯	甲辰乙巳	甲戌乙亥
徵	屬火	生土	庚子辛丑	庚午辛未	戊申己酉	戊寅己卯	丙辰丁巳	丙戌丁亥
羽	屬水	生木	壬子癸丑	壬午癸未	庚申辛酉	庚寅辛卯	戊辰己巳	戊戌己亥

由上列表得知，以十二律配屬於地支十二宮，又一律含五音，所以十二宮共有六十組納音，再以五行分別配屬入五音，則每一宮中即皆含有五行、五音，

己巳　大林木 辛巳　白鑞金 癸巳　長流水 乙巳　覆燈火 丁巳　砂中土	庚午　路傍土 壬午　楊柳木 甲午　砂中金 丙午　天河水 戊午　天上火	辛未　路傍土 癸未　楊柳木 乙未　砂中金 丁未　天河水 己未　天上火	壬申　劍鋒金 甲申　井泉水 丙申　山下火 戊申　大驛土 庚申　石榴木
戊辰　大林木 庚辰　白鑞金 壬辰　長流水 甲辰　覆燈火 丙辰　砂中土	六十花甲子納音於十二宮配置圖示		癸酉　劍鋒金 乙酉　井泉水 丁酉　山下火 己酉　大驛土 辛酉　石榴木
丁卯　鑪中火 己卯　城頭土 辛卯　松柏木 癸卯　金箔金 乙卯　大溪水			甲戌　山頭火 丙戌　屋上土 戊戌　平地木 庚戌　釵釧金 壬戌　大海水
丙寅　鑪中火 戊寅　城頭土 庚寅　松柏木 壬寅　金箔金 甲寅　大溪水	丁丑　澗下水 己丑　霹靂火 辛丑　壁上土 癸丑　桑柘木 乙丑　海中金	丙子　澗下水 戊子　霹靂火 庚子　壁上土 壬子　桑柘木 甲子　海中金	乙亥　山頭火 丁亥　屋上土 己亥　平地木 辛亥　釵釧金 癸亥　大海水

這個理論就是所謂的「納音五行」。

㈡、六十甲子納音五行解析

於「六十甲子納音五行法」中，將六十組干支納音分別爲五組，且配屬其金、木、水、火、土五行，並依其性質分別予以命名，如：

⑴屬水者：澗下水、大溪水、長流水、天河水、井泉水、大海水。（斗數爲「水二局」。）

⑵屬木者：桑拓木、松柏木、大林木、楊柳木、石榴木、平地木。（斗數爲「木三局」。）

⑶屬金者：海中金、金箔金、白鑞金、砂中金、劍鋒金、釵釧金。（斗數爲「金四局」。）

⑷屬土者：壁上土、城頭土、砂中土、路傍土、大驛土、屋上土。（斗數爲「土五局」。）

⑸屬火者：霹靂火、鑪中火、覆燈火、天上火，山下火、山頭火。（斗數爲「火六局」。）

有了以上諸項的分類後，我們即可就其特性，而予以解析與演繹，甚至可以作爲我們論命時，互爲相輔相成應用的參考。以下茲就六十組干支的納音五行意義，概略地敘述與介紹，當然，若要用作更進一步的論斷，那就得又進展到更廣泛且深奥的理論，然而，一則受限於篇幅，二則不屬於此書內容的範圍，所以，容筆者待日後有緣，再予以彙整資料後公開示人。

㈢、六十組納音五行分論

⑴、納音五行屬水

納音五行屬水者，共分有六類：

①丙子丁丑——澗下水。
②甲寅乙卯——大溪水。
③壬辰癸巳——長流水。
④丙午丁未——天河水。
⑤甲申乙酉——井泉水。

⑥壬戌癸亥——大海水。

分別敘述如下：

①丙子丁丑「澗下水」：

澗下水，是江河之源頭，但不是江河，是匯集諸細流而成，水勢洶濤浩大，時向東，時向西，沒有固定的流向，水質澄清，但深淺難測。

於人而言，有定性，無定向。

陶宗儀云：「丙子丁丑澗下水者，水旺於子，衰於丑，旺而反衰，則不能江河，故曰澗下水也。」

最忌庚午辛未路傍土，戊申己酉大驛土，戊寅己卯城頭土。

於數字而言，最喜一、六；最忌五、七、八、十。

②甲寅乙卯「大溪水」：

大溪水，是爲山中且集納百川，而導入江河的水，其勢強勁，力道十足，涵光萬里，倒影千山。但由於水勢勁道強勁，所以經常會造成彎曲多變的河道。

於人而言，個性剛強，不服輸，常有得理不饒人的現象，但往往也由於沒有替自己留後路可退，因此就經常發生忙中有錯，後悔莫及之徵驗。

陶宗儀云：「甲寅乙卯大溪水者，寅爲東北維，卯爲正東，水流正東，則其性順，而川澗池沼，俱合而歸，故曰大溪水也。」

最忌戊申己酉大驛土。

於數字而言：最喜一、六、三、八；最忌二、五、十。

③壬辰癸巳「長流水」：

長流水，象徵著水源不竭，源遠流長且綿延不斷，就宛如水庫中的水，但若一經流出源頭，則四散分溢，無所回顧。

於人而言，卻有著「多情卻是總無情」的英雄氣概。所以，此種人經常是以遊戲人生，看破紅塵的心態處世。

陶宗儀云：「壬辰癸巳長流水者，辰爲水庫，巳爲金長生之地，金生則水性已存，以庫水而逢生金，則泉源終不竭，故曰長流水也。」

最忌庚午辛未路傍土，戊寅己卯城頭土，戊申己酉大驛土。

於數字而言：最喜一、六、九、〇；最忌二、五、八。

④丙午丁未「天河水」：

天河水，即雨水是也。其勢瀉下，遍洒大地，滋生萬物。但有時下得太過、太多，反易成災，是為一大遺憾。

於人而言，心性仁慈博愛，心地憨厚老實，但往往也因此容易受騙上當。

陶宗儀云：「丙午丁未天河水者，丙丁屬火，午為火旺之地，而納音乃水，水自火出，非銀漢不能有也。故曰天河水也。」

（很奇怪吧！水自火旺處而出，但事實如此，如溫泉即是出自地火之中。）

最忌戊申己酉大驛土。

於數字而言，最喜二、六、七、九；最忌一、三、八。

⑤甲申乙酉「井泉水」：

井泉水，乃地下之水，其出處不明顯，但水卻自生也。雖然取之不竭，用之不盡，然卻力道不大。當然，此種水之特性，就是必定要去挖掘才能取用，但若不去挖掘，它仍存在，只是無法享用罷了。

於人而言，心性波動，有熱心；但也會讓人覺得其有莫測高深，不易親近的感受。

陶宗儀云：「甲申乙酉井泉水，金臨官申帝旺酉，金既生旺，則水由以生；然方生之際，力量未洪，故曰井泉水也。」

舟，碧波萬頃。

最忌戊寅己卯城頭土，戊申己酉大驛土。

於數字而言：最喜二、四、六、七；最忌三、五、八、九。

⑥壬戌癸亥「大海水」：

大海水，是匯納百川，聚集諸水而成的無際汪洋。其勢氣象萬千，載舟沈

於人而言，其心胸寬敞，行事魄力雄偉，善惡之間，僅在其一念而已。

陶宗儀云：「壬戌癸亥大海水者，水冠帶戌臨官亥，冠帶則力厚矣！況亥爲江河，非他水之比，故曰大海水也。」

最忌戊申己酉大驛土。

於數字而言：最喜一、六、十；最忌五、八。

(2)、納音五行屬木

納音五行屬木者，共分有六類：

①壬子癸丑——桑拓木。

②庚寅辛卯——松柏木。

③戊辰己巳——大林木。

④壬午癸未——楊柳木。

⑤庚申辛酉——石榴木。

⑥戊戌己亥——平地木。

分別敘述如下：

①壬子癸丑「桑拓木」：

桑拓木，即養蠶所用之桑，以及拓樹。再者，桑樹可用作造紙原料，而拓樹可作黃色染料，二者樹葉所養出的蠶，亦可作成絲織品，供爲成衣之原料。所以說，桑拓木之於人類的用途極爲重要。

於人而言，是社會上實際付諸行動者，且毫無怨言地全心付出。個性剛強，不易妥協，甚至有善惡不分之徵象。所以，極需要一個好的環境來塑造之，如此日後一定能有所作爲。

陶宗儀云：「壬子癸丑桑拓木者，子屬水，丑屬金，水方生金，金則伐之，猶拓木也。」

最忌壬申癸酉劍鋒金。

於數字而言：最喜一、二、三、四、○；最忌六、七、九。

②庚寅辛卯「松柏木」：

松柏木，即屹立在深山幽谷中之大木，經年累月地餐風飲露，受霜雪之侵襲，但卻有愈挫愈勇，環境愈惡劣，松柏木更能愈顯其堅貞之特性。

於人而言，個性嚴於律己、寬以待人；勇於接受考驗，且經得起考驗。但有時亦會因自尊心太強，反而形成自卑、自貶身價之象。

陶宗儀云：「庚寅辛卯松柏木者，木臨官寅帝旺卯，木既生旺，則非柔弱之比，故曰松柏木也。」

最忌壬申癸酉劍鋒金。

於數字而言，最喜一、三、四、○；最忌六、七、九。

③戊辰己巳「大林木」：

木林木，即原野中之樹林。其枝幹迎風搖曳，樹蔭有蔽日之功；其勢無所不在，高山、幽谷、溝壑中均可看到它的存在。

於人而言，個性隨和、有愛心、有崇高的理想與志向，具上進之心、不求表現，但有時亦因爲太過於隨俗，不肯傷人，而說出或做出一些人云亦云不好的現象。

陶宗儀云：「戊辰己巳大林木者，辰爲原野，巳爲六陽，木至六陽則枝榮葉茂，以茂盛之木，而在原野之間，故曰大林木也。」

最忌壬申癸酉劍鋒金。

於數字而言，最喜一、二、四；最忌七、九。

④壬午癸未「楊柳木」：

楊柳木，體態婀娜多姿，迎風搖曳，枝條雖呈下垂之象，但其體韌性極強，不易折斷。

於人而言，外表看似柔弱，但內心極爲堅強。心思縝密但很單純，所以經常爲外物所變遷；感情豐富，但卻不專一。

陶宗儀云：「壬午癸未楊柳木者，木死於午，墓於未，木既死墓，雖得天干壬癸之水以生之，終是柔弱，故曰楊柳木也。」

最忌壬申癸酉劍鋒金。

於數字而言，最喜一、四、〇；最忌七、九。

⑤庚申辛酉「石榴木」：

石榴木，表面暗棕色，內呈顆粒之果實，性辛如薑花，其花色紅似火，可食亦可供觀賞之用。石榴木其體質堅硬，可生長於各種惡劣的環境中，亦能耐刀斧之砍伐。

於人而言，個性剛硬倔強，不爲惡勢力低頭，也經得起考驗，內心卻是一個重情重義之人，只是不輕易地表現出來。

陶宗儀云：「庚申辛酉石榴木者，申爲七月，酉爲八月，此時木則絕矣。唯石榴之木反結實，故曰石榴木也。」。

最忌壬申癸劍鋒金。

於數字而言：最喜一、三、四、〇；最忌六、七、九。

⑥戊戌己亥「平地木」：

平地木，即地上之木材，人間之屋木，是爲構屋的要素「棟」（戊戌），「樑」（己亥）是也。又平地木爲初萌之樹木，最喜有雨露滋潤之功，最怕霜雪之摧殘。

於人而言，個性平易近人，有智慧、不外露，大多生長在不錯的環境中，所以，一旦遇逢不良的變數，往往會誤入歧途，因此，最需要有人在一旁提攜督促，日後終可成爲有用之材。

陶宗儀云：「戊戌己亥平地木者，戌爲原野，亥爲木生之地。夫木生於原野，則非一根一株之比，故曰平地木也。」

最忌壬申癸酉劍鋒金。

於數字而言：最喜一、二、三、四、〇；最忌六、七、九。

(3)、納音五行屬火

納音五行屬火者，共分有六類：

①戊子己丑——霹靂火。
②丙寅丁卯——鑪中火。
③甲辰乙巳——覆燈火。
④戊午己未——天上火。
⑤丙申丁酉——山下火。
⑥甲戌乙亥——山頭火。

分別敘述如下：

①戊子己丑「霹靂火」：

霹靂火，即天上之閃電，宛如有鐵馬奔馳，號令九天之勢，但此火並非自然生成，而是要靠著風、雨、水、雷的資助，才有此之變化現象。

於人而言，個性急躁剛猛，思想行為敏捷且迅速，很重視門面及排場的效果。因此，經常會令人感覺到一股凌厲且無法抵擋的氣勢。然而，沒有耐心與毅力，是其最大的缺點，往往於一鼓作氣後，而且在無法得到效果下，即意興闌珊，不願再做下去。

陶宗儀云：「戊子己丑霹靂火者，丑屬土，子屬水，水居正位，而納音乃火，水中之火，非龍神則無，故曰霹靂火也。」

最忌丙午丁未天河水。

於數字而言：最喜二、三、四、七；最忌一、六、九、○。

②丙寅丁卯「鑪中火」：

鑪中火，即天地自然之火；此火以天地為爐，以陰陽為炭，照耀寰宇，陶冶萬物。

於人而言，個性熱心，忠肝赤膽，精力充沛，胸懷抱負遠大，日後的成就不可限量；但有時亦會因一時之血氣方剛而意氣用事，所謂成梟成雄之際也。

陶宗儀云：「丙寅丁卯鑪中火者，寅為三陽，卯為四陽，火既得地，又得寅卯之木以生之，此時天地開爐，萬物始生，故曰爐中火也。」

最忌丙午丁未天河水、壬戌癸亥大海水。

於數字而言：最喜三、四、六、七；最忌一、六、九、〇。

具此命格局者，最好多充實學習，日後前景光明無限。

③甲辰乙巳「覆燈火」：

覆燈火，即人間之燈火，其性質與前鑪中火僅是概念上之差異而已，所以，於論斷上，應先判別日生或夜生之人，如此方可再來論斷其特性。

於人而言，日生人氣勢較為明顯，肯吃苦、負責任，但卻很「愛現」；夜生人氣勢較為內歛、柔和，一旦用時，其勢一鳴驚人，令人訝異，但平時卻閒靜，不太表現。

陶宗儀云：「甲辰乙巳覆燈火者，辰為食時，巳為禺中（近午時刻），日之將中、艷陽之勢光於天下，故曰覆燈火也。」

又古書載云：

「甲辰乙巳，氣形盛地，勢定高崗，傳明繼晦，子母相承，乃曰覆燈火也。」

「覆燈火者，金盞銜光，玉台吐艷；照日月不照之處，明天地未明之時，此火乃人間夜明之火。」

最忌壬辰癸巳長流水、丙午丁未天河水、甲寅乙卯大溪水、壬戌癸亥大海水。

於數字而言：最喜三、四；最忌一、六、九、○。

④戊午己未「天上火」：

天上火，即日月之火。丙午爲陽剛之火，爲太陽之徵象，己未爲陰柔之火，爲太陰之徵象。

於人而言，個性開朗、光明、豪爽又博愛。但也因丙午爲陽剛，與己未爲陰柔性質上的差異，而造成個性上之顯現不同。

陶宗儀云：「戊午己未天上火者，午爲火旺之地，未中之木，又復生之，火性炎上，又逢生地，故曰天上火也。」

最忌丙午丁未天河水。

於數字而言：最喜二、三、七、九；最忌一、六、○。

⑤丙申丁酉「山下火」：

山下火，即微弱的螢火蟲之光，藉著葉片之露水，而熠燿於花間草叢中；又有將其喻爲落日之餘暉，是爲氣勢縮藏的徵象。

於人而言，個性浮而不實，自不量力，十足地空心大老倌，虛有其表，凡事欲振乏力，氣勢已過。

陶宗儀云：「丙申丁酉山下火者，申爲地戶，酉爲日入之門，日至此時而藏光，故曰山下火也。」

最忌丙午丁未天河水、壬辰癸巳長流水、甲寅乙卯大溪水、壬戌癸亥大海水。

於數字而言：最喜三、四；最忌一、六、九、〇。

⑥甲戌乙亥「山頭火」：

山頭火，即山裡的野火，落日天邊的彩霞，此乃九月秋天荒草乾枯，盡熱之火，外明內暗，隱晦而不顯揚。

於人而言，個性喜怒不形於色，性情內斂不張顯，行爲處事能剛能柔，但內心卻雪亮精明得很。然而，經常也會受環境的影響，而導致成爲一個投機狡詐的人。

陶宗儀云：「甲戌乙亥山頭火者，戌亥爲天門，火照天門，其光至高，故曰山頭火也。」

最忌丙午丁未天河水

於數字而言：最喜三、四；最忌一、六、九、〇。

⑷、納音五行屬金

納音五行屬金者，共分有六類：

①甲子乙丑——海中金。

②壬寅癸卯——金箔金。

③庚辰辛巳——白鑞金。

④甲午乙未——砂中金。

⑤壬申癸酉——劍鋒金。

⑥庚戌辛亥——釵釧金。

分別敘述如下：

①甲子乙丑「海中金」：

海中金，即如龍宮的寶藏，蘊藏於蚌腹中的珍珠一般。有名無形，還尚須待人開採，方得以爲用。

於人而言，個性羞澀怯生，內向不積極，凡事沈得住氣，有如千里馬而未遇伯樂，壯志難以伸展實現。

陶宗儀云：「甲子乙丑海中金者，子屬水，又爲湖，又爲水旺之地，兼金死於子，墓於丑，水旺而金死墓，故曰海中金也。」

最忌戊子己丑霹靂火、戊午己未天上火。

於數字而言：最喜二、七；最忌一、四、六、九。

②壬寅癸卯「金箔金」：

金箔金，就是一般所謂的鍍金，質薄而氣弱，通常是用作裝飾物品，價值性不高。

於人而言，個性懦弱，沒有自主性，但若有心栽培，可塑性蠻高的，再假以時日的磨練，日後定可有所成就。

陶宗儀云：「壬寅癸卯金箔金者，寅卯爲木旺之地，木旺則金羸，又金絕於寅，胎於卯，金既無力，故曰金箔金也。」

最忌丙寅丁卯鑪中火、戊子己丑霹靂火、戊午己未天上火。

於數字而言：最喜一、四、六、九；最忌二、七。

③庚辰辛巳「白鑞金」：

白鑞金，乃為純金，吸收日月之精華，棲息在高山上的寶玉，由於是聚集陰陽之氣，故其金體通明透徹，是為正金之本色。但是，因為其金氣方始形成，故其體質尚未堅硬銳利。

於人而言，個性憨厚純樸、心地純真清明，若想日後有所前途成就，一定要經過一番地自我琢磨與歷練。

陶宗儀云：「庚辰辛巳白鑞金者，金養於辰、生於巳，形質初成，未能堅利，故曰白鑞金也。」

最忌戊子己丑霹靂火、戊午己未天上火、丙寅丁卯鑪中火。

於數字而言：最喜四、八、九；最忌二、七。

④甲午乙未「砂中金」：

砂中金，即是一種藏在礦石中的金礦，金氣已成，由於尚未經開採提煉，故非爲純金。又甲午的砂中金其質較脆弱，乙未的砂中金其質較堅硬實在。

於人而言，個性粗獷懶散，行爲處事耐心毅力不夠，定要嚴加地磨練、調教，日後才能成大器。

陶宗儀云：「甲午乙未砂中金者，午爲火旺之地，火旺則金敗，未爲火衰之地，火衰則金冠帶，敗而方冠帶，未能盛滿，故曰砂石金也。」

最喜丙寅丁卯鑪中火。

於數字而言：最喜一、二、六、七、九、〇；最忌五、八。

⑤壬申癸酉「劍鋒金」：

劍鋒金，即是利劍之鋒，金氣最盛，氣勢最逼人，非受千錘百鍊而成，沒有火是無法提煉的。

於人而言，個性剛毅穩定，果斷又有志氣，意氣風發，無人能及，但往往由於太過的激進，以及冷酷無情的作風，而鋒芒外露，且易遭人攻擊與嫉妒詬病。

陶宗儀云：「壬申癸酉劍鋒金者，申酉金之正位，兼臨官，申帝旺，酉金既生旺，則成剛矣，剛則無踰於劍鋒，故曰劍鋒金也。」

最忌丙寅丁卯鑪中火、戊午己未天上火、戊子己丑霹靂火。

於數字而言：最喜二、四、七、九；最忌五、六、八。

⑥庚戌辛亥「釵釧金」：

釵釧金，是一種女人用作裝飾、美容，由金打造成的飾物，其形質已變，用途有限，但也必須配合身份地位，方能襯托其光彩。

於人而言，個性柔順、無主見、好虛榮、才智深藏、外表長相不錯，一生沒什麼大的成就。最好多充實自我，如此才能歷久不衰。

陶宗儀云：「庚戌辛亥釵釧金者，金至戌而衰，至亥而病，金既衰病，則誠柔矣，故曰釵釧金也。」

最忌丙寅丁卯鑪中火、甲戌乙亥山頭火、丙申丁酉山下火。

於數字而言：最喜二、六；最忌七、九、〇。

⑸、納音五行屬土

納音五行屬土者，共分有六類：

①庚子辛丑——壁上土。

②戊寅己卯——城頭土。
③丙辰丁巳——砂中土。
④庚午辛未——路傍土。
⑤戊申己酉——大驛土。
⑥丙戌丁亥——屋上土。

分別敘述如下：

①庚子辛丑「壁上土」：

壁上土，就是牆壁上的土，恃棟依樑，興門立戶，可以避寒冷的效果，遮避霜雪，此乃人間的壁上土，沒有平地無法依靠，子午天地的柱子，遇到皆吉，木皆可爲主。最大的特質演繹，就是一種隔阻內外、自謀生機之象徵。於人而言，個性內向、不喜表現、氣度胸襟狹隘，除非是自己人，否則大多摒棄於外。有強烈的依賴性，否則定然一事無成。

陶宗儀云：「庚子辛丑壁上土者，丑雖土家正位，而子則水旺之地，土見水多，則爲泥也。故曰壁上土也。」

最忌壬午癸未楊柳木、庚申辛酉石榴木。

於數字而言：最喜三、四、八；最忌一、六、九、〇。

②戊寅己卯「城頭土」：

城頭土，就是京城的堡壘，高高在上，具有龍蟠虎踞之勢，氣象萬千。但，若是改朝換代，也會有淪爲徒具形勢，供爲憑弔而已。

於人而言，個性高傲，行爲有定則，但有時不免淪爲曲高和寡之徵象，喜歡幫助別人，外觀長的不錯。

陶宗儀云：「戊寅己卯城頭土者，天干戊己屬土，寅爲艮山，土積而爲山，故曰城頭土也。」

最忌壬午癸未楊柳木、庚寅辛卯松柏木、戊辰己巳大林木。

於數字而言：最喜二、五、六、八；最忌一、三、四、六、九、〇。

③丙辰丁巳「砂中土」：

砂中土，乃河流沖積而成之砂堆，是介於陵谷變遷的地方，有龍蛇盤隱之宮的徵象，本質清秀，但其時已過，故以居安思危，多加充實自我爲宜。

於人而言，外表清秀，資質不錯，個性老成持重，一付穩健厚實之徵象，很喜歡風雲際會的環境，不甘寂寞的典型。

陶宗儀云：「丙辰丁巳沙中土者，土庫辰絕巳，而天干丙丁之火，至辰冠帶，巳臨官，既庫絕，旺火復與生之，故曰沙中土也。」

最忌戊辰己巳大林木、壬午癸未楊柳木、庚申辛酉石榴木、庚寅辛卯松柏木。

於數字而言：最喜二、四、六、九；最忌一、三、〇。

④庚午辛未「路傍土」：

路傍土，即田邊的農地，形物均皆可見，火暖土溫，萬物因而資生且暢茂。於人而言，個性敦厚直爽，仁慈愛物，然，有時亦會有固執己見的現象；要想有所成就，必須培養耐性美德，積極充實自己，等待時機，必然有所斬獲，一般多爲大器晚成之典型。

陶宗儀云：「庚午辛未路傍土者，未土之中，而生午位之旺火，火旺則土焦，未能育物，猶路傍土者，故曰傍土也。」

最忌壬午癸未楊柳木、庚寅辛卯松柏木。

於數字而言：最喜一、六、七、八；最忌三、四、九。

⑤戊申己酉「大驛土」：

大驛土，即堂堂大道，平坦好走；九州無所不通，萬國無行不至。其氣歸息、收斂，併載以重任，是爲負海乘山之土也。

於人而言，個性穩重成熟，溫順婉約，嚴以律己，厚於待人，是人群中德高望重，作爲仿效的偶像。然而，這種人有時亦會因已成的外在徵象，反而自限於向前發展推進的遺憾。

陶宗儀云：「戊申己酉大驛土者，申爲坤，坤爲地，酉爲兌，兌爲澤，戊己之土，加於坤澤之上，非其他浮薄之土地也，故曰大驛土也。」

最忌戊辰己巳大林木、庚寅辛卯松柏木、庚申辛酉石榴木。

於數字而言：最喜三、四、八；最忌一、六、〇。

⑥丙戌丁亥「屋上土」：

屋上土，就是屋瓦，用作爲避風、雪、雨。此土其氣已成，且歷經水火陰陽之焠煉，故而得勢於陰陽之間。

於人而言，個性執著，有定性、有原則，且具有愛心；於運途上大多須歷經一番的寒澈骨，才能有所突破，而達預定的理想與目標。

陶宗儀云：「丙戌丁亥屋上土者，丙丁屬火，戌亥爲天門，火既炎上，則土非在下而生，故曰屋上土也。」

最忌庚申辛酉石榴木。

於數字而言：最喜一、二、六、七、九；最忌三、四、八。

※　※　※　※　※　※

簡單且概要地將六十組納音五行相關的應用資料介紹完畢，雖然內容上稍嫌粗略，但若付諸於實務論斷應用，相信不但夠用，而且可隨心地廣泛推演，希望有助於各位研習上的需要。

附註：

1. 陶宗儀　明初黃巖人，字九成，號南村。
2. 「十干陰陽五行順逆生旺死絕圖表」：

壬庚戊 丙甲 絕生 祿 病 巳 癸辛己 丁乙 胎死 旺 敗	壬庚戊 丙甲 胎敗 旺 死 午 癸辛己 丁乙 絕病 祿 生	壬庚戊 丙甲 養冠 衰 墓 未 癸辛己 丁乙 墓衰 冠 養	壬庚戊 丙甲 生祿 病 絕 申 癸辛己 丁乙 死旺 敗 胎
壬庚戊 丙甲 墓養 冠 衰 辰 癸辛己 丁乙 養墓 衰 冠	十干陰陽五行順逆 生旺死絕圖表		壬庚戊 丙甲 敗旺 死 胎 酉 癸辛己 丁乙 病祿 生 絕
壬庚戊 丙甲 死胎 敗 旺 卯 癸辛己 丁乙 生絕 病 祿			壬庚戊 丙甲 冠衰 墓 養 戌 癸辛己 丁乙 衰冠 養 墓
壬庚戊 丙甲 病絕 生 祿 寅 癸辛己 丁乙 敗胎 死 旺	壬庚戊 丙甲 衰墓 養 冠 丑 癸辛己 丁乙 冠養 墓 衰	壬庚戊 丙甲 旺死 胎 敗 子 癸辛己 丁乙 祿生 絕 病	壬庚戊 丙甲 祿病 絕 生 亥 癸辛己 丁乙 旺敗 胎 死

（臨官即「祿」也。沐浴即「敗」也。）

卷二：人生際遇論斷實例分析（I）

一、東方的「活聖人」——證嚴法師

事略：

法師俗名王錦雲，台中清水人，自小即過繼給叔父，庚子年二十四歲養父中風身亡，遂起了出家之念。癸卯年二十七歲，於台北慧日講堂受戒於印順法師，法號「證嚴」，字「慧璋」，始正式皈依佛門。

丙午年三十歲成立「佛教克難慈濟功德會」，是爲現今「慈濟功德會」之前身。自此即以慈悲濟世的胸懷，對眾生的一切悲苦困痛施予最大的援助。

相信各位對於「慈濟功德會」一定不會陌生，而證嚴法師就是這群「慈濟人」的精神領袖，他們默默地爲了這個世間的安祥與和樂，付出了最誠摯的「佛」心。

所以，有人說慈濟人個個都是「菩薩」，而證嚴法師即是我們東方的「活聖人」，這種稱譽實在是一點也不爲過。

<table>
<tr>
<td>文曲
陀羅
三台
龍池
天哭
24～33
乙巳
（身宮）
福德宮</td>
<td>天機 科
左輔
祿存
34～43
丙午
田宅宮</td>
<td>紫微
破軍
擎羊
天虛
44～53
丁未
官祿宮</td>
<td>右弼
天魁
天殤
54～63
戊申
僕役宮</td>
</tr>
<tr>
<td>太陽
火星
天月
14～23
甲辰
父母宮</td>
<td colspan="2" rowspan="2">陰
女
農曆民國26年3月×日丑時生
丁丑
證嚴法師
金四局
生年納音：澗下水
命宮納音：金箔金
命主：文曲
身主：天相</td>
<td>天府
文昌
八座
天喜
鳳閣
64～73
己酉
遷移宮</td>
</tr>
<tr>
<td>武曲
七殺
天姚
紅鸞
4～13
癸卯
命宮</td>
<td>太陰 祿
地空
天使
陰煞
寡宿
74～83
庚戌
疾厄宮</td>
</tr>
<tr>
<td>天同 權
天梁
孤辰
壬寅
兄弟宮</td>
<td>天相
癸丑
夫妻宮</td>
<td>巨門 忌
天鉞
地劫
94～103
壬子
子女宮</td>
<td>廉貞
貪狼
鈴星
天馬
天刑
84～93
辛亥
財帛宮</td>
</tr>
</table>

㈠、個性分析

1.生年納音「澗下水」，是為匯集諸細流而成之江河源流的象徵。其個性好惡強烈，有定性但卻無定向，內在的心性也很脆弱，很容易看不開，而發不平之鳴；命宮納音「金箔金」，個性淡泊，沒有自我，可塑性極高、經得起磨練，日後亦可有所成就。

2.命主文曲星，居身宮在巳，希夷先生曰：「文曲守身、命，居巳酉丑宮，位居侯伯；武貪三合同垣，將相之格，文昌遇合亦然、若陷寅午戌之地，巨門、羊、陀沖破，喪命夭折，水火驚險；若亥卯未旺地，與天梁、天相會，主聰明博學，殺沖破只宜僧道。若女命值之，淸秀聰明，主貴；若陷地沖破，淫而且賤。」

3.身主天相入夫妻宮，又逢羊刃沖破，故婚姻有障礙。

4.命宮有武曲、七殺同守居卯宮，武曲與七殺二星皆為一種孤剋性極濃的星曜，因此，在個性的表現，是為外剛內柔且受盡環境的考驗，但卻不會低頭的現象。

5.再者，卯酉宮又稱「陰陽線」，根據筆者多年論命的經驗，命宮居此線之人，一般不是晚婚，就是終身不嫁娶，這其中又以女命為最。

6.本命三方的格局組合有〈府相朝垣〉之「君臣慶會」，以及〈殺破狼〉之「變動」氣勢徵象，所謂「天將降大任於斯人也，必先勞其筋骨，餓其體膚，行拂亂其所為……」，因此，幼年時期的坎坷與不順遂，正是在為其日後大成就所舖設的考驗。

7.本命為〈日月得地格〉，於命格局而言，是為光明、有前途的徵象，所以會有日後的成就，是可想而知的事實。當然，這僅是就概略的論斷看法而已，至於詳細的運途配合，于後再予以解析。

8.命宮武曲、七殺，外在個性堅毅果決，不向困難險惡的現實環境低頭；疾厄宮太陰化祿、地空，陰煞坐守，代表著其內在意識光明磊落，心性清明，但也經常會因外在環境之種種眾生相，而起莫名之煩憂與慈悲心。

㈡、運途分析

1.第一大限癸卯，癸干貪狼化忌沖福德宮，又為身宮所在，三方再會羊、陀、鈴、刑等煞星，因此，幼年時期運途的多乖與不順遂，自是可想而知之事。

2.第二大限甲辰，甲干太陽化忌入大限命宮，但太陽在辰是爲得地，因此「化忌」，非但沒有什麼不良的影響，反而有激發其奮發向上之徵象。另外，法師的心臟病疾應該也是在此大限中造成的。

3.第三大限乙巳，文曲、陀羅坐守，又爲先天的福德宮與身宮，乙干太陰化忌沖入先天父母宮，又會逢地空與火星。所以，一旦逢入申子辰年，則父母一定有事情發生。

4.流年庚子，庚干天同化忌與先天巨門化忌夾流年父母宮，三方又會逢〈空劫〉與〈天機太陰忌會擎羊〉，因此，於此年其養父因中風過世。（重點宮位戌宮，爲先天父母的遷移宮，可看成養父的宮位。）

5.流年癸卯二十七歲，癸干破軍化祿入流年與先天的官祿宮，三方逢會〈殺破狼〉之變動格局，又有〈紫殺〉、〈紫破〉之義無反顧，一反常態的徵象；再加上癸干貪狼化忌沖入先天福德宮與身宮，所以於此年，看破紅塵，正式地皈依佛門清修。

6.出家人與一般人之斗數人事十二宮的對照表：

一般人	出家人	一般人	出家人
1.命身	命身	7.遷移	游行
2.兄弟	徒弟	8.僕役	人力
3.夫妻	道情	9.官祿	師號
4.子女	小師	10.田宅	本師
5.財帛	衣鉢	11.福德	福德
6.疾厄	疾厄	12父母	相品

7.第四大限丙午，丙干天同化祿入先天兄弟宮（徒弟宮），大限財帛宮（衣鉢宮），因此，在這個大限內，她創立了「慈濟功德會」，而作爲她慈悲救世的發揮據點。

8.然而，大限丙干廉貞化忌入先天財帛宮（衣鉢宮），且沖先天福德宮（福德宮）與身宮（身宮），因此，在創始之初，可真是蓽路襤褸，艱苦經營，當然，其中的辛勞奔波自不在話下。

9.第五大限丁未，丁干太陰化祿入先天疾厄宮（疾厄宮），大限的田宅宮（

本師宮），所以，在此大限中，「慈濟功德會」，不但將其普渡世人的宗旨發揮得淋漓盡致，且廣受社會大眾的認定與讚賞，而法師的名字也因而名聞遐邇。

10.大限丁干亦同時使巨門化忌入大限僕役宮（人力宮），先天的子女宮（小師宮），因此亦同時遭受一些宗教界同道之妒嫉與批評。但由於大限命宮有紫微、破軍與擎羊的坐守，再加上三方強勢格局之輔佐，所以，這些批評與攻訐，反而成為她砥礪激進自己，最好的諫言與座右銘。

11.第六大限戊申，戊干天機化忌入大限夫妻宮（道情宮），先天田宅宮（本師宮），若依此徵驗訊號而論，在這個大限中，大師的所作所為，好像不盡如其理想所願，不論是在會務上的推展，或是……，但還好有天魁與右弼的輔佐助益，因此，於五十七歲（癸酉年），還獲得美國國會所頒「對人類具貢獻終身成就獎」。

12.然而，從五十八歲甲戌年開始，甲干太陽化忌沖流年命宮，與先天疾厄宮，因此，身體的健康狀況已開始亮起紅燈了，尤其是高血壓與心臟相關的病症。

13.第七大限己酉，己干文曲化忌入先天福德宮與身宮，大限的財帛宮（衣鉢宮），有更替交棒的意象。

14.流年辛巳，六十五歲，辛干文昌化忌入大限命宮沖先天命宮，文昌化忌相當於七殺化忌，所以是謂「雙忌」；流年壬午，六十六歲，壬干武曲化忌入先天命宮，大限遷移宮，流年的子女宮。

15.因此，這二年對於她而言，實在是極為不利的。另外，流年丁亥，亦是危機之年，還望請多自保重。畢竟，妳就好像是人世的「觀音佛祖」一般。

16.摘錄《透視女贏家》對證嚴法師的描述：

「在當今宗教界的女性領導人中，西方的德蕾莎被肯定為『活聖人』，我們則認為證嚴是『東方的活聖人』。她們一中一西，各自在自己的宗教理念下，去對抗世間的疾苦，但是，論及志業開拓的困難度，證嚴所做的，在佛教近二十年來幾乎是從無到有，不像德蕾莎是在天主教既有的基業上；她專注集中心力，深入民間，去協助最窮的人。」

㈢、綜合分析

1.本命雖然選擇了宗教界，但其成果也不脫命盤格局之徵驗。

2.命盤格局包括了〈紫府相朝垣〉與〈殺破狼〉二大強勢格局。

3.再加上〈日月得地〉，因此，一定會有很高的成就。

4.此命造的最大轉捩點在第三大限，也就是先天福德宮與身宮所在，有文曲（命主）的超脫現實思想的性情，以及陀羅一種隱性無聲的正義、負責的心態，再加上太陰化忌又入先天疾厄宮，基於一六同宗之理，所以視同命宮亦有忌，代表著一種天地間最爲無情的考驗，如此，才會造成其「天蠶變」與「浴火鳳凰」一般的終極成就。

5.父母宮甲干太陽化忌沖入疾厄宮，可見其心臟的疾病應該是得自父母的遺傳，尤其是父親。

6.本命造若是沒有皈依宗教，在社會上也會有一番的成就。但可能會是在一種極具辛勞，且競爭激烈後，方才得到的成果。

7.蔣總統經國先生曾說過：「走過中國大江南北，從沒有看過一個這麼瘦弱的女子，卻爲社會國家做了這麼多的事。」

8.李登輝總統亦曾說過：「『慈濟功德會』是台灣經驗中最動人的一章。」

二、影歌視三棲紅星——陳美鳳小姐

事略：

陳美鳳小姐生於雨都基隆，國中畢業後舉家遷居台北，高中畢業後，進入中視主演了「妙家庭」一劇而竄紅。

十九歲至今，於演藝界中亦可堪稱「長青樹」，而且一帆風順，錢包滿滿；但很奇怪地，婚姻好像與她做對，雖然身邊亦不乏護花使者，然，卻沒有開花結果的消息發佈，這到底是什麼因素使然，是個人？是身體？或是命中註定如此？

所謂的「因果關係」宿命論，我想會有很多人想到這一層，但今天我想用命理的角度來探討一下，大家不妨當作是一種命理的解析參考一下。畢竟「宿命論」也未免太過消極了些，不是嗎？

<table>
<tr>
<td>太陽、祿存、地空、地劫
天殤、天姚
僕役宮 癸巳</td>
<td>破軍、右弼、擎羊
陰煞
65～74 遷移宮 甲午</td>
<td>天機(權)
天使、寡宿、紅鸞、天月
55～64 疾厄宮 乙未</td>
<td>紫微、天府、左輔、火星
45～54 財帛宮 丙申</td>
</tr>
<tr>
<td>武曲、文昌(科)、陀羅、鈴星
官祿宮 壬辰</td>
<td colspan="2" rowspan="2">陽 女
農曆民國45年5月×日午時生
丙申
陳美鳳 小姐
生年納音：山下火
命宮納音：壁上土
土五局
命主：貪狼
身主：天梁</td>
<td>太陰、天魁
35～44 子女宮 丁酉</td>
</tr>
<tr>
<td>天同(祿)
田宅宮 辛卯</td>
<td>貪狼、文曲
天哭
25～34 夫妻宮 戊戌</td>
</tr>
<tr>
<td>七殺
天虛、天馬
福德宮 庚寅</td>
<td>天梁
天喜、天刑
父母宮 辛丑</td>
<td>廉貞(忌)、天相
5～14 (身宮)命宮 庚子</td>
<td>巨門、天鉞
孤辰
15～24 兄弟宮 己亥</td>
</tr>
</table>

㈠、個性分析

1、命身同宮在子，廉貞、天相坐守，三方會合了〈紫府相朝垣〉與〈殺破狼〉強勢氣數的格局組合，再加上羊、陀、火、鈴四煞會齊。因此，於個性上的展現可說是一種不拘小節，大而化之的男性化作風。

2、但由於先天廉貞化忌入命，所以在行事上，總會出現一種超乎常情且太過投入的現象，然而還好有天相的從旁輔助，所以對於大事情可是處理得有條不紊，但對於一些瑣碎無關緊要的小事，那就會顯得有些不知所措了。

3、生年納音爲山下火，其氣微弱，漢時東方朔以螢火之光來比喻之，由此可看出其先天內在的個性是極爲柔弱與怯生的；命宮納音爲壁上土，是一種隔閡與保護的意象，表現於行爲處事上，則爲公私分明且謹慎小心，因此，在演藝圈這麼多年來，形象一直保持著很好的標準。

4、命主貪狼，是爲一享受的星、物慾的星，是一種最原始且純真的心性展現；身主天梁，凡事有自己的原則與分寸，對一些不合理的現象，會挺身而出且仗義直言，但對晚輩或是弱勢團體，卻是極具照顧與扶持之責任。

5、福德宮七殺星坐守，代表著閑不下來；疾厄宮天機化權坐守，更是主動地找事情來做，兩相綜合即可得知，她一生大多是在忙碌奔波兢兢業業中渡過。儘管如此，這種人生不也是具備了多采多姿且充實之徵象嗎？

㈡、感情世界的分析

1、先天命宮廉貞化忌與天相坐守，廉貞化忌相當於夫妻化忌，又與天相同度，則有商人「重利輕別離」之寡情徵象，因此，這二顆星的組合對於感情生活而言，先天就不具備良好的互動性，再加上化忌星的作用，更增強此一徵象。

2、夫妻宮文曲、貪狼坐守，本身已形成〈曲貪〉離正位而顛倒之粉身碎骨的格局，再加上三方會逢〈殺破狼〉的不穩定，以及羊、陀、鈴星的不良效應，因此，對於先天夫妻宮的意象，可說是有極爲不利的影響。

3、第二大限己亥，己干文曲化忌入先天夫妻宮，又與廉貞化忌，雙忌夾大限命宮，再加上對宮〈空劫〉半空折翅的效應，因此，於這個大限雖有感情滋生的徵兆，卻都沒有結果，草草收場了事。

4、第三大限戊戌，是一般所謂的適婚大限，大限命宮被魁鉞所夾，三方又會〈武貪〉、〈昌（曲）貪〉與〈殺破狼〉的格局，所以，在行爲的表現上，雖也有興起戀愛的念頭與實際行動，但卻又因爲珍惜得來不易的名聲，以及日夜奔波忙於事業之故，所以，追求她的人，最後大多也只有識相無趣地離開了。

5、第四大限丁酉，丁干太陰化祿自坐，三方會〈日月得地〉與雙祿會輔，所以，應該是一個很好且有利的結婚大限。

6、婚姻之事，自古以來，在我們老爺爺、老奶奶的時代，「男大當婚，女大當嫁。」即是天經地義的觀念，然而，在歷經時移事往的今日，這個根深蒂固的傳統觀念，似乎也有著大幅度的改變，晚婚甚至不婚的現象，於時下的社會中，可說是比比可見。因此，現今就婚姻方面問題的論斷，可不能再依古樣畫葫蘆而爲之，否則，一定會鬧出很大的笑話，更甚者，連辛苦所經營起來的招牌，也會因此而毀於一旦，真是不可不慎重。

㈢、綜合分析

1、本命造命宮三方會〈紫府相朝垣〉，以及左輔、右弼、文昌等吉星，因此於外形面貌上，不但漂亮，而且氣質端莊。然而，由於廉貞火化忌，所以於膚色上就顯得較爲黑色。

2、命格氣勢較爲強勁的因素，所以，在於行爲處事作風上，就顯現出一股與眾不同的地方，這種現象對於一個身爲演藝人員而言，實在是一種最獨特且最突出的「形象」招牌，因此，進入中視主演了「妙家庭」一劇後，即一炮而紅。

3、男命爲乾，女命爲坤，若是女命命格氣勢呈現強勢的格局，即產生了「乾坤顛倒」之象，如此於女命而言，一生必有所損傷與遺憾，尤其是在感情婚姻更爲顯著。

4、現今社會中，我們所看到的、所聽到的「女強人」很多，如前段日子發生婚姻問題的邱彰女士，以及前民進黨文宣部主任陳文茜小姐等，她們的行事作風與處事手腕，可真是一點也不輸給男人，甚且超越，可是，遺憾地，她們對於自己的感情或婚姻問題，卻是處理得一團糟，這些現象，若是以命理的角度來釋義，那就是「乾坤顛倒」最佳的寫照與徵驗。

5、本命：

己亥大限，己干文曲化忌入先天夫妻宮。

戊戌大限，戊干天機化忌入先天疾厄宮，相當於命宮化忌，而形成命宮雙化忌。

丁酉大限，丁干太陰化祿入大限命宮，天同化權亦會入大限命宮，天機化科會輔又入大限命宮，因此，本大限命宮形成〈三奇嘉會〉的吉格，另未宮爲大限夫妻宮有天機化科化入，再加上輔弼相夾之穩定性，因此，在本大限內結婚，應該是最好的時機。

6、丁酉大限內的星曜是以南斗星居多，所以，其成就婚姻的年限應在下五年，亦即四十～四十四歲。但是大限丁干巨門化忌又入流年（己卯）之三方宮位，且爲大限的福德宮，看樣子必然會有變數，咱們不妨拭目以待吧。

7、流年己卯，己干。

武曲化祿照入先天夫妻宮。

貪狼化權入先天夫妻宮。

天梁化科入流年夫妻宮，又會天喜、紅鸞與天姚。

文曲化忌入先天夫妻宮。

綜合以上的資料顯示，佳期定然「好事多磨」無疑，因此，準新郎官張先生還得再多費些心思、多下些工夫，或許庚辰年能將美嬌娘迎娶入門。

︶

有人為結婚而結婚，

有人有所為而結婚，

甚至——

有人盲目的結婚，

而你——

是為何而結婚？

︶

三、婚外情分析——趙女士

提示：她已婚，但婚外的性關係仍不斷地繼續著。

㈠、個性分析

1.命宮在辰，有巨門、右弼坐守，所以個性上會有一種高高在上、自傲且不可一世的徵象。

2.生年納音爲釵釧金，象徵著先天個性上的尊貴氣質；命宮納音爲白臘金，卻僅是一種門面虛榮的徵象。

3.生年化祿與化權均在「我」宮之中，因此個性上較內向，且比較自私。

4.一生是非紛爭多，尤以感情方面爲最。

<table>
<tr>
<td>天相
火星
紅鸞
辛巳
父母宮 12</td>
<td>天梁
文昌
八座
壬午
福德宮 11</td>
<td>廉貞
七殺
天鉞
陀羅
鈴星
地空
天姚
癸未
田宅宮 10</td>
<td>祿存
文曲
天馬
三台
甲申
官祿宮 9</td>
</tr>
<tr>
<td>巨門
右弼
庚辰
4～13 命宮 1</td>
<td colspan="2" rowspan="2">陽 女
農曆民國59年7月╳日辰時生
庚戌
趙女士
生年納音：釵釧金
命宮納音：白臘金
命主：廉貞
身主：文昌
金四局</td>
<td>擎羊
天殤
乙酉
僕役宮 8</td>
</tr>
<tr>
<td>紫微
貪狼
地劫
天刑
己卯
14～23 兄弟宮 2</td>
<td>天同 忌
左輔
丙戌
64～73 遷移宮 7</td>
</tr>
<tr>
<td>太陰 科
天機
陰煞
戊寅
24～33 夫妻宮 3</td>
<td>天府
天魁
己丑
34～43 子女宮 4</td>
<td>太陽 祿
戊子
44～53（身宮）29
財帛宮 5</td>
<td>武曲 權
破軍
天使
天喜
丁亥
54～63 疾厄宮 6</td>
</tr>
</table>

㈡、婚姻感情生活的分析

1、夫妻宮天機，太陰坐守，戊干天機自化忌，太陰於寅宮又是落陷，因此感情有呈現不穩定之徵象。

2、子田線又爲桃花，性慾線，有廉貞次桃花與七殺愛情的獵人的星曜坐守，再加上天魁、天鉞的翩翩外表風度，以及三方紫微、貪狼、空劫與羊、陀、火、鈴強烈慾望的效應，因此，更使得原本夫妻感情的間隙，又益加地擴大不和諧。

3、丁丑年二十八歲，流鸞喜入大限命宮（先天夫妻宮），又流年夫妻宮又逢紅鸞與天喜，因此於此年結婚。

4、戊寅年二十九歲，正好行入大限命宮，戊干天機化忌均入大限與流年的命宮，再加上流年八月辛干文昌化忌，三方會空劫與羊、陀、火、鈴諸煞曜，故於此月雙方離婚，結束了這短暫的婚姻關係。

㈢、運途分析

1、第一大限庚辰四至十三歲，太陽化祿與武曲化權，雙雙會入「我」宮，所以象徵此時期很得父母的寵愛與照顧；又三方會逢昌曲與輔弼，因此，本身也是一個人見人愛的清秀小妹妹。

2、第二大限己卯十四至二十三歲，己干文曲化忌入先天官祿宮與大限僕役宮，象徵著有被朋友帶壞的傾向，再加上三方會〈殺破狼〉、〈空劫〉與羊、陀、火、鈴諸凶曜的不穩定，因此於行爲上，即展現出一種叛逆、自以爲是的「酷」象。國中畢業於丙寅年考上職業學校。於此時期內，與朋友交往的關係更是複雜，是俗稱的「落翅仔」典型。

3、第三大限戊寅二十四至三十三歲，戊干天機化忌自化入，又此大限正好又是先天夫妻宮，所以在婚姻上的波折與不順遂，是可想而知的。大限子女宮又逢鸞喜，代表著又有新的戀情。然而，儘管有此感情婚姻上的不理想，但是在事業上卻是忙碌且賺錢。這就是〈祿馬相馳〉的效應，但由於天機化忌之故，所以呈現一種忙得不可開交之徵象。

4、第四大限己丑三十四至四十三歲，除了命宮有天府、天魁坐守外，三方更會合了〈殺破狼〉、〈武貪〉、〈紫武府相朝垣〉的強勢格局組合，再加上武曲化祿、貪狼化權的效應，因此在事業上，一定會有令人刮目相看的大成就。但最好專做一行，否則後果亦僅了了而已。

㈣、綜合分析

1、本命的最好結婚年齡在三十一歲，因爲流年庚干的化祿、化權均在「我」宮之內，對「我」而言，甚爲有利

2、官祿宮無主星，代表著事業有不穩定的現象，但由於有文曲，以及命宮巨門的星性，所以最好專走業務，或直銷、傳銷的行業。

3、疾厄宮武曲金、破軍水坐守，再加上父生年壬干武曲化忌的遺傳效應，所以，特別要注意骨骼、牙齒與腎臟方面的症狀。

4、子女宮天府、天魁坐府，與天鉞照入，但是對宮有廉殺與諸煞曜群聚，所以子女數多則二、三人，個性好壞的差異也很大，但都很獨立；再加上爲〈日月反背〉所夾，因此子女日後的成就，可能會有所阻礙與艱辛的。

㈤、結　語

本命造生年與命宮納音皆爲金，象徵著一種先、後天個性上剛硬且圓滑的展現，再加上命局數五行又屬金，所以更是加強此種氣勢的展現。

命主星廉貞，可看一個人四十歲以前的個性傾向，廉貞五行屬火，火剋金，因此對於本命造三十歲以前個性的不穩定與頑強叛逆現象，有了很具體且寫實的交待徵驗。

至於身主星則主四十歲以後的表現了。文昌星五行屬金，又爲六貴星之一，其本質斯文、具條理性；金與金同屬性，所以，可以這麼說，本命的中晚年運會有愈來愈好的現象。

另外，田宅宮爲福德宮的父母宮，因此田宅與福德之間，有著一種「因果」的關係，這就是前世因果報應，田宅好，子女與夫妻自然不會有壞的報應。（子田一條線，田宅與夫妻爲一六關係。）

因此，凡若田宅宮不好的人，最好是多行善事、多積功德，如此，或可化解一些前世的業障，阿彌陀佛！

四、台灣搶劫銀行之父——李師科

事略：

李師科，山東人，早年隨軍隊來台，退伍後，以開計程車謀生。

民國七十一年三月二十一日申時，李某頭戴白色鴨舌帽、假髮與口罩，持其於民國六十九年所先行搶來的槍枝，衝入台北市羅斯福路三段土地銀行古亭分行中，在短短的五分鐘內即搶走了五百四十萬元新台幣。

這可是台灣於戒嚴時期第一宗的銀行搶案，因此，案發後，隨即震驚全國上下，還好，於同年四月十三日即由三重分局接獲密報而破案，並於該年閏四月初四日槍決伏法，時年五十六歲。

<table>
<tr>
<td>巨門(忌) 左輔 陀羅 火星
22~31 夫妻宮 乙巳</td>
<td>廉貞 天相 祿存 鈴星
12~21 兄弟宮 丙午</td>
<td>天梁 擎羊 地劫
2~11 命宮 丁未</td>
<td>七殺
父母宮 戊申</td>
</tr>
<tr>
<td>貪狼
32~41 子女宮 甲辰</td>
<td colspan="2" rowspan="2">陰 男
農曆民國16年2月×日申時生
丁卯
李師科先生
水二局
生年納音：爐中火　命主：武曲
命宮納音：天河水　身主：天同</td>
<td>天同(權) 右弼 天鉞
福德宮 己酉</td>
</tr>
<tr>
<td>太陰(祿) 地空
42~51 財帛宮 癸卯</td>
<td>武曲 天刑
田宅宮 庚戌</td>
</tr>
<tr>
<td>紫微 天府 文昌 天使 天姚
52~61 疾厄宮 壬寅</td>
<td>天機(科)
遷移宮 癸丑</td>
<td>破軍 文曲 天殤 陰煞
僕役宮 壬子</td>
<td>太陽 天魁
（身宮）官祿宮 辛亥</td>
</tr>
</table>

㈠、個性分析

1、命宮在未，有天梁、擎羊、地劫坐守；身宮在亥，有太陽（落陷），天魁坐守。

2、個性上平時是大好人一個，喜歡照顧晚輩，但三方會逢地空、地劫，因此情緒上經常會出現不穩定的狀況，再加上了擎羊與天梁二星，所以在遭遇挫折或不順遂之時，往往會有不滿現實與令人意想不到的舉動發生。

3、生年納音爐中火，熱心有赤子之誠；但由於太陽居亥宮，爲落陷，因而一生之成就不大；再加上命宮納音天河水又正好是爐中火之最忌，因此，造成其後天胸襟與眼光的狹隘，且形成每每有看不慣現實一切的作風，所以，一旦想不開而付諸於行動時，即有同歸於盡的後果。

4、若是由命主武曲星與身主天同星來剖析，命主星代表著一種內在思想，而武曲五行屬金，內歛剛毅；身主星代表著一種外在行爲的展現，而天同五行屬水，隨和隨性，綜合來看，又與2.、3.不謀而合。

5、因此，本命造於作案後，又返回現場觀看，有如平常百姓一般，任誰也想不到本案會是他所爲，甚至三重分局於破案後，看到是這麼的一個人，還真是跌破了具有多年辦案經驗老刑警的眼鏡，如果不是經由線人密報，此人就算是一天照三餐的見面，也不會引起絲毫的懷疑，畢竟，他太平常了。俗云：「人不可貌相」，的確是一句最佳勸戒人的警語。

(二)、運程分析

本命造由於是大陸變色時，隨部隊來台的軍人，而當時台灣的政經均還處於極爲不穩定的狀態，所以在軍中，反而是一種較爲穩定的情況，再加上本身的個性使然，因此，軍旅的生涯一路走來，還算是平平穩穩，直到退伍。

由於長期受著軍中「一個口令，一個動作。」的規律生活，致使與社會的大環境有了脫節隔閡的現象，再加上沒有一技之長，因此，只好以開計程車爲業賴以渡日。

1、癸卯大限，癸干破軍化祿入大限子田線，貪狼化忌入大限父疾線，因此，興起了退休的想法，待行運至民國六十五丙辰年，三方會合了〈殺破狼〉大變動的格局，故而自軍中退役下來。

2、次年丁巳，丁干巨門化忌自坐，且沖流年的遷移宮，爲先天的官祿宮，因此謀事無成，遂自行買了一輛計程車，做起了自己的老闆，而且生意還算不錯。

3、但此造於謀事過程的受創與閉門羹，不但觸動了他潛在強悍不穩定的意識外，更對這個社會產生了強烈不滿的情緒。因此，於民國六十九庚辰年，先行犯下了槍殺駐警且奪其槍枝的案件。此時已進入了壬寅大限，年五十四歲。

4、壬寅大限，壬干武曲化忌入財帛宮，亦是民國七十一壬戌年的流年命宮，流壬干武曲化忌又自坐，再加上前癸卯大限貪狼化忌的連續作用，武曲五行屬金，爲財星；貪狼屬水木，象徵著一種心態不平衡之現象，所以才犯下了持槍搶銀行的案件。

5、財福線有福蔭之意象，子田線是爲命根子。而觀此造，大限壬干武曲化忌入財福線，且爲先天的子田線，這已經呈現出不利的徵兆，再加上流年壬戌武曲化忌自入命遷線，而且又有大羊與天刑同坐，三方再會殤使、陰煞，所以，本年亦是其歸位之年。

6、本造有一個特點，不知各位有否察覺，那就是他於民國六十九庚申年搶槍，以及在民國七十一年閏四月伏法的流月宮位，竟然不期而合。這是否就是冥冥中的安排？還是巧合呢？

7、民國七十一年流四月乙巳、乙干太陰化忌入流年疾厄宮，爲天財帛宮，是以會有因財犯小人之徵象。

8、至於閏四月宮位仍與四月同論（「閏月」的觀念，請參閱拙著《全方位論斗數》上冊，第二章已有詳細的說明，請各位逕自購閱即可。）七殺爲剋我之星，三方又會逢傷使，陰煞與煞忌星曜，因而亦於此月命喪黃泉。

巳	午	未	七殺 申
辰	民國七十一年命盤示		酉
卯			武曲(忌) 天刑 流年命宮戌
天使 壬寅	丑	陰煞 天殤 子	亥

註：
1. 武曲為「寡宿」。
2. 大限壬寅、壬干武曲化忌亦入流年命宮。

㈢、綜合分析

本命的一生，應該是可以在一種很平凡且祥和的歲月中渡過，只可惜因大環境的使然，未能走進〈機陰同梁〉的格局環境中，再加上〈日月反背〉與〈空劫〉奔波勞祿又不穩定的效應，又在命身宮的三方會逢，所以，反形成終身落寞孤獨，且胸懷滿腹的牢騷與偏激的意識觀念。

因此，當運限走入極爲強勢的壬寅大限時，這種時不予我，與自覺被社會遺棄奚落的情懷，頓時如洪水暴發而無法收拾。這種心態我們可從其作案後，再度回到現場，以冷眼來旁觀這個社會「受其制裁」後的滿足感。

然而，在孤獨地面對著搶來的巨額鈔票時，命身宮所生的天梁、太陽與天魁等星性又再度升起發揮作用，所以，他反而將其中的部份錢財買了些玩具送給友人的小孩，也因此自曝了底牌而伏法。

俗云：「會咬人的狗，不叫。」、「響屁不臭，臭屁不響。」雖然簡單又通俗，但若深入去思考，還真是具有很深奧的人生哲學意義。就如同本命例，不就是最佳的寫照與印證嗎？

五、女強人另一面的人生——感情婚姻的困擾

提示：年收入上千萬，五家大公司的實際掌權者

㈠、個性分析

1、此造破軍坐守，三方會成〈殺破狼〉冒險開創，以及〈紫武府相朝垣〉之「君臣相會」的格局。

2、再加上亦逢會了羊、陀、火、鈴四煞，以及廉貞化忌的效應。

3、所以，個性上不但是具有不讓鬚眉的性格，而且行事上更是剛毅果決，事情一經決定，不太會有反悔或轉圜的機會。

建議：

由於遷移宮有廉貞化忌，是故，於事業上定有身心交瘁之現象，因此，凡事還是不要以太操之過急態度爲之，甚至最好三思而行，且多方地採納人家的意見，如此集思廣益地再來定奪，相信即可改善「廉貞化忌」不良的影響。

<table>
<tr>
<td>巨門 祿存
天殤
42 30 18 6
75～84 僕役宮 癸巳</td>
<td>廉貞(忌) 天相 左輔 文昌(科) 擎羊 火星
41 29 17 5
65～74 遷移宮 甲午</td>
<td>天梁 地空
天使 紅鸞
40 28 16 4
55～64 疾厄宮 乙未</td>
<td>七殺 右弼 文曲
39 27 15 3
45～54 (身宮) 財帛宮 丙申</td>
</tr>
<tr>
<td>貪狼 陀羅
八座 天月
43 31 19 7
85～94 官祿宮 壬辰</td>
<td colspan="2" rowspan="2">陽 女
農曆民國45年3月╳日辰時生
丙申
陳女士
生年納音：山下火
命宮納音：壁上土
土五局
命主：貪狼
身主：天梁</td>
<td>天同 天鉞
38 26 14 2
35～44 子女宮 丁酉</td>
</tr>
<tr>
<td>太陰 地劫
天姚
44 32 20 8
田宅宮 辛卯</td>
<td>武曲
三台 陰煞
37 25 13 1
25～34 夫妻宮 戊戌</td>
</tr>
<tr>
<td>紫微 天府 鈴星 天馬
45 33 21 9
福德宮 庚寅</td>
<td>天機(權)
天喜
46 34 22 10
父母宮 辛丑</td>
<td>破軍
47 35 23 11
5～14 命宮 庚子</td>
<td>太陽 天魁
天刑
48 36 24 12
15～24 兄弟宮 己亥</td>
</tr>
</table>

㈡、婚姻感情生活的分析

1、夫妻宮戊干貪狼化祿自照入，又三方不但會有〈紫武府相朝垣〉，與〈殺破狼〉的「君臣慶會」，叛逆且強勢的星曜格局，而且再加上羊、陀、火、鈴的強烈佔有慾與罪惡心態，所以，一生婚姻一波三折，極為不美滿。

2、子女宮天同，天鉞坐守，而其氣勢行為表現的宮位在官祿宮，另由於子田線亦是表徵一個人的性慾狀況所在，因此，配合1.的格局氣勢，可明顯看出本命造在性慾上面有「大胃王」的現象，再加上太陰、太陽相對位置，以及煞忌星的效應。

3、因此，此女於性行為的展現上，不但是居於主動的地位，而且還喜歡變化花樣，求新求刺激。

4、所以囉，先天個性上的男性化（當然比較容易與男性親近），加上本身實際的需求，再加上夫妻宮的一片亂象，因此造成一生婚姻的不美滿，應該是不難理解的事實。

建議：

本命造小限四十三歲在辰宮，有三台、八座會逢坐守，代表有著宗教的緣份，不妨趁此機緣，將心靈精神寄託於宗教上，改私愛為博愛，如此，不但能使空虛的心靈得以有所依偎，而且更能積功修德，以造來生之福緣。

㈢、運途分析

1、父母宮的財帛宮三方逢〈空劫〉與〈日月反背〉的格局，所以象徵幼年時期家境的窮困與不穩定。

2、第一大限庚子，雖然有大環境的困窘與阻礙，但還好有〈紫武府相〉強勢格局輔助，因而得以順利上完小學。

3、第二大限己亥，基於〈日月反背〉與〈空劫〉的弱勢效應，所以在初中畢業即外出工作，以貼補家用。

4、第三大限戊戌，大限命宮武曲坐守：

⑴戊干天機化忌入大限田宅宮與先天父母宮，且有地劫、天使坐守，致使其在三十三歲有喪親之痛事。

⑵戊干貪狼化祿，大限命宮三方形成〈武貪〉與〈紫府相〉等強勢格局，

因此，從本大限起，她的事業生涯即已點燃。

(3)本大限又是先天夫妻宮，雖然有化忌沖命宜晚婚之象，但由於貪狼桃花星化祿，以及天機化忌入大限子田線，且逢紅鸞、天喜，因此於二十三歲即提早嫁人；亦即在第二大限尾，即有了婚姻關係。

5、第四大限丁酉，大限夫妻宮被輔弼、昌曲所夾；代表著在這十年又是一段韻事，左右逢源、眾星拱月的場面，但由於丁巨門化忌入大限財帛宮之故，所以因而造成財錢被騙損失，且週轉不靈之徵象。

另外，在此大限中，由於〈空劫〉與雙忌會沖的效應，所以其同居人可能會有生命上安危之疑慮。

建議：

民國八十七戊寅年，走第四大限丁酉。

1.**財運：**

大限丁干巨門化忌入大限財帛宮，三方會〈空劫〉、〈日月反背〉的格局，因此，於財運的週轉上，比較不順利且奔波辛勞。

是年戊寅年，戊干天機化忌入大限夫官線，又正好會合了大限的巨門化忌，因此四月份以前要特別地注意財務的狀況。

2.感情：

流年戊寅、戊干天機化忌沖入大限夫妻宮，三方又有逢空劫與巨門化忌，因此，時下目前的這一段感情生活，可能會有「生離死別」的現象；再加上流年夫妻宮又是煞忌重重，所以更有加強此徵象之應驗。

㈣、綜合分析

本命造由於命宮與三方四正所會逢的星曜氣勢均強，因此，於個性上的顯現就有如男人的氣概一般。

這種女性於今日我們稱其「女強人」，但是，基於《易經》陰陽的觀念，就出現了有所矛盾與不平衡的現象。因此，在其人生的旅程上，必然也會產生有所缺陷的地方。如本命感情婚姻的不如意，即是最佳的例證。

六、名影歌視紅星——于楓小姐

事略：

本名張豫汶，河南項城人，出生於高雄左營眷村，上有三位姐姐，下有弟弟，排行第四，弟弟出家，且兄弟姐妹中有夭折者。

自出道後，演藝生涯還算順暢遂意。與黃姓友人開始交往後，曾有四次輕生：民國七十四乙丑年，以水果刀割腕；民國七十五丙寅年，服用大量安眠藥；民國八十五丙子年，亦服安眠藥，但隨即送醫急救復甦，之後遂再以睡衣上吊自盡，然經急救六天無救，終告死亡。（民國八十五年十月二十四日上吊，同年十月三十日下午五時〇五分死亡。）時年三十六歲。

<table>
<tr>
<td>文曲㊌
遷移宮 癸巳</td>
<td>天機 天鉞
天使 陰煞
疾厄宮 甲午</td>
<td>紫微 破軍
天刑
財帛宮 乙未</td>
<td>陀羅
天喜
子女宮 丙申</td>
</tr>
<tr>
<td>太陽㊓ 火星
・天殤
僕役宮 壬辰</td>
<td colspan="2" rowspan="2">陰 女
農曆民國50年11月×日丑時生
辛丑
于楓 小姐
木三局
生年納音：壁上土　命主：巨門
命宮納音：平地木　身主：天相</td>
<td>天府 文昌㊋ 祿存
夫妻宮 丁酉</td>
</tr>
<tr>
<td>武曲 七殺
官祿宮 辛卯</td>
<td>太陰 擎羊 地空
寡宿
兄弟宮 戊戌</td>
</tr>
<tr>
<td>天同 天梁 左輔 天魁
孤辰 紅鸞
33～42 田宅宮 庚寅</td>
<td>天相
23～32 （身宮）福德宮 辛丑</td>
<td>巨門㊍ 右弼 地劫
13～22 父母宮 庚子</td>
<td>廉貞 貪狼 鈴星
天馬 天姚
3～12 命宮 己亥</td>
</tr>
</table>

㈠、個性分析

1、命宮在亥，有廉貞、貪狼與鈴星坐守，三方會〈紫府相〉、〈殺破狼〉等格局，故可看出其人聰明有智慧，在外的人際關係亦佳，行爲處事氣魄不讓鬚眉。

2、再者，命宮有廉、貪、天姚，以及三方所會昌曲、左輔與天魁等諸星，均具有實質的桃花意象，因此，註定其人一生不但很愛漂亮，而且會受桃花事件不斷之困擾。

3、命主巨門星，象徵著規矩與侷限、是與非，再加上此星具有「化暗」的特性，因此，凡事大多有喜鑽牛角尖且看不開的展現。

4、身主天相星，主後天行爲之表現，天相星對於外在事物的處理，可是裡外兼顧，面面俱到。

5、由此，我們即可很清楚地瞭解到于小姐內外個性，實在有著很大的矛盾徵象展現。

6、另外，生年納音壁上土有著「心事誰人知」之概嘆；命宮納音平地木

之才。，其功用雖大，但卻有懷才不遇之嘆，須賴人提拔，督促與呵護，方可成棟樑

7、平地木最怕壬申癸酉劍鋒金，壁上土最怕壬午癸未楊柳木，與庚申辛酉石榴木。

8、所以，一生中只要有碰上這些不利因素（流年），均會對其造成很嚴重的傷害。

9、但本命壁上土與平地木二者之間，實在有著極爲微妙的關係，畢竟蓋房子若沒有壁上土與平地木的材料，亦是如巧婦「無米之炊」般的無用，但若缺水，也是徒勞無功。

10、若是各位細心一點，再對照其死亡的年納音，一定可發現，好像真是冥冥中的安排，對于小姐而言，好像也可視爲一種解脫的意象。

㈡、運途分析

1、命宮爲空劫所夾，己亥納音爲木，又是居有大水象徵之亥宮，水多木則漂，所以，最好習以專技之藝，日後必會有所成就。

2、第一大限己亥，命宮三方會有〈紫府相朝垣〉與〈殺破狼〉之強勢格局，所以，自小的家境雖然不好，但卻有著堅強且不服輸的個性。

3、第二大限庚子，命宮三方會成〈巨日〉與〈日月得地〉強勢且競爭的格局，再加上魁鉞、輔弼等會逢之相助，因此，自學校畢業後，即加入演員訓練班並參加中國電視公司所舉辦的歌唱大賽得名，且與中視簽下了基本歌星的合同，而正式地踏入了演藝圈。

4、第三大限辛丑，命宮天相坐守，三方會〈紫府相朝垣〉與〈殺破狼〉之強勢格局，再加上雙祿、昌曲與〈武貪〉，使得她在此大限中，可說是名利雙收。民國七十二癸亥年，以一首「愛在旋轉」，奠定其在歌壇上的地位；民國七十四乙丑年，中視八點檔連續劇「迷情」，遂使其成為一位家喻戶曉的大明星。

5、第四大限庚寅，庚干天同化忌入大限命宮，又為先天子田線，所以，在此大限中，其內心的思緒將會遭受到極嚴重且極矛盾的打擊，再加上又有天梁、左輔與天魁諸星，致使其不肯認輸，又不肯尋求外界的援助，然而，對宮又有陀羅「理也理不清」的徵象，因此，於此大限中，她出事了。

6、民國七十四乙丑年，時年二十五歲，大限與流年同宮，又為先天身宮所在，乙干太陰化忌入大限兄僕線，流年的子田線；大限辛干文昌化忌與先天文昌化忌會逢，又爲先天夫妻宮與大限財帛宮，因此，於感情與財務出現了困擾，且想不開，因而起了輕生的意念，但由於流年乙丑三方格局強勢，所以，可能僅是一時的想不開而已。

7、民國七十五丙寅年，時年二十六歲，丙干廉貞化忌入流年與大限的夫妻宮，又爲先天的命宮，且廉貞星又有毒品之徵象，因而服用大量的安眠藥自殺，還好及時搶救，終於還能救回一命。

8、民國八十五丙子年，又逢丙干廉貞化忌，但此時大限已走入庚寅大限，庚干天同化忌入大限命宮，先天的子田線，又流年廉貞化忌亦入大限子田線與先天命宮，因此，可看出今年的危機四伏，一定會出事。

9、丙子年十月戊戌，戊干天機化忌沖入流年命宮，三方又會〈火羊〉與〈一刑二空三煞〉之大凶格局，故於此月上吊身亡。（天機化忌有環結的象徵，所以爲「上吊」的方式。）

（註：本命應於六月乙未，也曾自殺過。）

(三)、綜合分析

1、本命於民國六十八己未年，與黃文寧先生同居，時年十九歲，大限走庚子，己干文曲化忌沖先天命宮，大限庚干天同化忌沖大限福德宮與先天田宅宮，可看出此際禍因即種下了。

2、第二大限庚干天同化忌入大限福德宮，禍因已種。

第三大限辛干文昌化忌入大限財帛沖福德宮，禍因加強。

第四大限庚干天同化忌入大限命宮，禍因展現出來。

試問，這是不是好像在冥冥中已安排好的。記得有人說過這麼一句話：「人是來應命盤，並非是來創造命盤的。」但若多積功行善，還是可以有趨吉避凶之徵驗。

3、本命於民國七十九庚午年，時年三十歲，生子黃華倫，我們來看看生子的命理徵驗。

(1)子女宮無主星，陀羅坐守，有一人，又對宮吉星會集，應該可以有三、四人，可惜年紀輕輕即香消玉殞了。

(2)子女宮丙干廉貞化忌入命宮，有子女的命。
(3)疾厄宮甲干太陽化忌會沖入子女宮，應爲剖腹生產。
(4)流年庚干太陽化祿入大限子田線，大限辛干太陽化權亦入本限子田線，又太陽得地廟旺，因此，於本年得子。

四、結　語

本命格局組合的氣勢不可謂不大，但爲何會有如此令人意外的結局。其實這就是陰陽不得其位，以及走入後天廉貞、貪狼的運格，所以，此命若早能多積功行善的話，或許不至於有此不幸的下場。所謂「積善之家，必有餘慶。」實誠爲一句人生的至理名言。

今天，于楓小姐是走了，可是，若從另一個角度來看，她可能也因而解脫了，若從命理人生的角度來看，更是能應驗此一徵象。但反觀時下社會中的人們，仍深陷在名、情、財的紅塵旋渦中，而無法自制自拔，兩相比較，還真倒分不清是誰悲？是誰喜？

人生如夢無常，紅塵易染難惹，
匆匆數十寒暑，酸甜苦辣盡嚐；
眾生但能覺醒，積功行善趁早，
冥冥自有安排，因果報應不爽。
名利財情虛相，功德善行福蔭，
廖廖數句讖語，盼能點悟世人。

——無名氏

卷二：人生際遇論斷實例分析（Ⅱ）

一、政壇的硬漢，前高雄市長
——吳敦義先生

四年一任的北、高二市市長，自民國八十三年（一九九四）起，即從原本官派的方式而改爲民選產生。改變後第一屆民選市長當選人分別是：台北市陳水扁先生，高雄市吳敦義先生。

吳敦義先生自庚午年（一九九〇）壬午月派任高雄市長，到當選第一屆民選高雄市長，其間任職長達八年之久，雖其中褒貶不一，好壞均有，但其政治行事的風格卻也博得「硬漢」之譽，當然亦是一位不可多得的人才。

然而，於丁丑年（一九九七）的連任選舉中，卻以五千多票的差距而敗北讓位了。

<table>
<tr>
<td>天機 陀羅
㊋科
54～63 疾厄宮 乙巳</td>
<td>紫微 祿存
44～53 財帛宮 丙午</td>
<td>文昌 文曲 擎羊
34～43 子女宮 丁未</td>
<td>破軍 地空
24～33 夫妻宮 戊申</td>
</tr>
<tr>
<td>七殺 陰煞
64～73 （身宮）遷移宮 甲辰</td>
<td colspan="2" rowspan="2">農曆民國36年12月×日卯時生
丁亥
吳敦義先生
陰男：金四局
命主：祿存
身主：天機</td>
<td>天鉞
14～23 兄弟宮 己酉</td>
</tr>
<tr>
<td>太陽 天梁 左輔
3.15.27.39.51.
74～83 僕役宮 癸卯</td>
<td>廉貞 天府
4～13 命宮 庚戌</td>
</tr>
<tr>
<td>武曲 天相 地劫
2.14.26.38.50.
84～93 官祿宮 壬寅</td>
<td>天同 巨門 鈴星
權 忌
1.13.25.37.49.
田宅宮 癸丑</td>
<td>貪狼 火星
福德宮 壬子</td>
<td>太陰 右弼 天魁 天馬
祿
父母宮 辛亥</td>
</tr>
</table>

這個殘酷的事實，的確令當時的專家學者跌破了眼鏡，而且無獨而有的，台北市長的選舉結果也同樣地令人出乎意料之外，因此在研究的立場上而言，這實在是一個很值得探討推研的命理現象，所以特將其列舉出作爲各位參考研習之用。

首先將吳敦義先生之生平事蹟概略記述如下：

一、吳敦義先生出生於南投縣。

二、求學過程之概略：

(1)民國四十九庚子年（一九六〇），草屯新庄國校畢業，並於同年考上台中一中翁子分部就讀。

(2)民國五十二癸卯年（一九六三），保送台中一中高中部。

(3)民國五十五丙午年（一九六六），考上政大東語系。

(4)民國五十六丁未年（一九六七），轉學台大歷史系。

(5)民國五十九庚戌年（一九七〇），台大歷史系畢業。

三、任公職經歷：

(1)民國六十二癸丑年（一九七三），當選台北市第二屆市議員。

(2)民國六十六丁巳年（一九七七），連任台北市市議員。
(3)民國七十辛酉年（一九八一），當選南投縣長。
(4)民國七十四乙丑年（一九八〇），連任南投縣長。
(5)民國七十九庚午年（一九九〇），官派高雄市長。
(6)民國八十三甲戌年（一九九四），當選第一屆民選高雄市長。
(7)民國八十六丁丑年（一九九六），敗選讓位。

※　※　※　※　※　※

星期日的上午，大多是我較為清閒的時候，因為，為了讓自己的腦袋有個休閒的機會，以及與家人有共聚的時間，因此幾乎是推掉所有的約會，講課與論命的事情。

然而，「事事難料」與「天不從人願」，故總是會破壞原本安排計劃好的美好藍圖與意念。

一陣「叮咚，叮咚」的門鈴聲，以及門外「姜老師」的呼叫聲，我想，今天打算休閒安靜的計劃勢必又要泡湯了。

的確，一開門就看到了遠從中部來的三位對斗數有嗜好的青年朋友，而且手上還提著「丹露」（台語，禮物之意），是我最喜歡喝的高山茶來送我，當然，這一造訪定然無法再享受清閒安靜的星期天了，但內心裡卻也著實地欣賞這群用心的年輕朋友。畢竟，放眼時下肯用心且花費時間功夫來探討學問的人，還真是有如鳳毛麟角般地稀少，因此對於這些肯上進且用心的青年朋友，我也總是將肚子裡所有的東西傾囊相授，當然，他們能吸收多少、領悟多少，則就得視各自的福緣了。

三位遠方友人中，小林與我較爲熟識，因爲基於有經常的魚雁往返關係，所以待大伙坐定後，隋即從上衣口袋中掏出了一張已排好的命盤，並將其遞給了我，說道：「這張命盤的主人是已卸任的前高雄市長吳敦義先生，由於當時不但選情激烈無比，且結果又極富有戲劇性的令人意想不到，所以才會想到拿來與老師研討一番。」

的確，在八十六年底的這場市長選舉爭霸戰中，不但過程高潮迭起，甚至連收場的結果也著實地跌破了許多專家的眼鏡（台北市長的選舉結果亦同）。

之所以會有如此的意外結局，當然其中的因素甚多且複雜異常，但是基於其特殊且具有命理上的論點價值，所以特將當天研討的內容摘錄整理，並提供各位作爲參考研習。

小林首先發言：「吳先生命主祿存，先天個性保守敦厚；身主天機又落於疾厄宮逢化科，代表著一種行爲處事上之靈活協調意象。再者，先天命宮在戌，三方會成〈紫府相朝垣格〉與〈廉殺格〉的強勢對外開創氣數，而身宮又會成〈殺破狼格〉，因此可看出其人不但具有一份很高遠的理想抱負，而且更能以強勁與實際的行動去達成實現。

另外，〈魁鉞夾命〉與〈輔弼夾命〉二者分別來自兄僕線與夫疾線之效應，更是使他能於政壇上右右逢源且八面玲瓏的最大關鍵助力因素。」

小張接著提出他的看法：「雖然吳先生擁有先天命格上的強勁優勢，但是於行運上，卻不見得逢會吉星佳格的助力，如第一大限的官祿宮三方逢有〈空劫〉，且官祿宮自化忌的效應；第二大限的官祿宮又會有擎羊和雙忌，且三方形成〈天機天梁會擎羊〉的大凶格，總合這些資料顯示，爲何他仍然能夠完成大學的教育？」

這位年輕人本身從事室內裝璜的工作，原本對於命理是不太感興趣且不很相信，但是在民國八十二年夏天的一場車禍意外後，才整個改變他對命理的看法。因爲在事件發生前的二個月，就曾有人告知他要當心一事。原來，他與小林本是自小一起長大的玩伴，於事前已曾叮囑他要注意近日會有一場血光之災，可是對於一向「鐵齒」的他，根本就不當作一回事看待，所以，他也只有「以身應劫」而遭此意外之災禍了。

對於小張的看法，我也提出一些對於命盤論斷的相關理念予其作參考。「推斷命盤的最大訣竅是在於全盤性的前呼後應，絕不能僅就其中的個別限運而予以定論，所謂的『時間的連續性』與『因果關係』二者，就是一項很重要的論斷理念。

雖然吳先生在第一、二大限中所形成的不良格局，可能會對他造成影響，但這不過是代表著他於求學的過程中，要比別人多一份的辛勞與努力罷了。畢竟，在那個時代，大家的生活環境均較爲清苦，因此小孩子能上學讀書自然已經是很不錯的事了，所以『時空背景』的考量，於實務上亦是必需考慮的要件。當然，於限運過程中所逢會的煞星，再與其先天命格同參，『制煞爲用』的效應，即反成助其奮發向上之決心與意志。」

一直在旁聆聽而沒有發表意見的小陶，此時也指著命盤說道：「若是依命盤的命『理』探討，此次選舉之所以會敗北之關鍵要素為何？」

戊寅年，五十一歲，大限丙午，丙干廉貞化忌入先天命宮且為大限的官祿宮，流年丁丑的子女宮（部屬）；再者流年丁干巨門化忌落入流年命空，巨門主口舌是非，所以吳先生會敗北的關鍵要素，大概就在於「窩裡反」，另外小限癸干使貪狼化忌落入流年的兄僕線，而引發先天財福線的不良效應，也是其此次落敗的要因。選舉嘛！不過是群眾、利益的結合，而吳先生於此際又正好走入這二個要因的最不利時機，所以他敗北落選了。

當然，可能有人會問，他先天強勢的格局組合竟然對他一點幫助都沒有嗎？有，絕對有，否則他不可能僅是差此些微選票而落選，另外俗諺：「冰凍三尺，非一日之寒」，也是其中最大的隱因要素。如下列述：

(1)戊申大限，戊干天機化忌入大限子女宮，且為先天父疾線所在，但還好有化科削弱了不少的不良效應。

(2)丁未大限，丁干巨門化忌直沖大限命宮，且為先天子田線所在。（巨門

主是非口舌）

(3)丙午大限，丙干廉貞化忌入大限官祿宮，且爲先天命遷線所在，也是一項很嚴重的敗筆所在。

評論至此，心中也泛起了陣陣地漣漪與感慨，政治實有如水能載舟與覆舟一般，但由於其間所蘊藏的寶藏太過於誘人，因此每每使人只要一經陷入，即有無法自拔之象，然而，古亦有云：「六扇公門內好作功德」，想想這其中的拿捏尺度就在於個人的定奪與理念了。

至於吳先生未來前途的去向如何，筆者不才，但卻想建議他能定下心來靜悟「般若波羅蜜多心經」之至理，相信對人生的看法，一定會有很大的心得與獲益。

二、歌聲揚名國際，與鄧小平齊名——鄧麗君小姐

生平略述：

祖籍河北大名，生於雲林縣褒忠鄉，父軍職退伍。六歲時舉家遷至台北縣蘆洲，十一歲奪得中華電視台所舉辦的歌唱比賽第一名，十九歲出國演唱，揚名海外，二十二歲奪得日本紅白歌唱大賽的冠軍。二十八歲以一首「何日君再來」風靡中國大陸，並贏得「小鄧」之尊稱。此時已是國際知名的紅歌星了。家中兄弟姊妹五人，她排行老么。

她的一生由平凡到璀璨，其奮發上進，努力不懈的精神，實足以做我們的模範；然而感情婚姻的波折無奈，正如同其歌聲幽怨淒迷的低泣「何日君再來」！民國八十四年因呼吸系統之疾病逝，享年四十三歲。

※　※　※

星期天的上午，風和日麗，全家大小乘坐著我那輛尚稱舒適的小車，去澄

天府 文曲 天鉞 丁巳 遷移宮	天同 太陰 陰煞 天使 戊午 疾厄宮	武曲 貪狼(忌) 己未 財帛宮	太陽 巨門(權) 庚申 子女宮
火星 天殤 丙辰 僕役宮	農曆民國42年11月20日丑時生 癸巳 鄧麗君小姐	陰女：水二局 命主：巨門 身主：天機	天相 文昌 辛酉 夫妻宮
廉貞 破軍(祿) 天魁 42～51 乙卯 官祿宮			天機 天梁 地空 壬戌 兄弟宮
左輔 32～41 甲寅 田宅宮	擎羊 22～31 乙丑 (身宮)福德宮	右弼 祿存 地劫 12～21 甲子 父母宮	紫微 七殺 鈴星 陀羅 天馬 2～11 癸亥 命宮

清湖做了一趟環湖之旅，雖然僅是一個上午的時間，但對我而言，可真是忙裡偷閒且最爲舒暢的享受了。

吃完了晚飯後，幾位年輕人相邀到家裡來品茗閒聊，所謂「三句不離本行」，由於這些年輕人對於斗數亦有著濃厚的研習興趣，因此說話的內容又轉入了斗數相關的話題來。其中小陳好像是有備而來，隨即取出了一張命盤說道：「好久沒有與各位切磋了，今天正好和大伙實務地論述一番，相信必然可有大的收穫與心得。」

「少來了，你的斗數程度，我們還不清楚嗎？尤其是姜老師平時對你的學習態度，以及舉一反三的能耐就讚賞有加，怎麼！今天又要讓我們丟人現眼了？」小杜開著玩笑的說著。「就是嘛！」其他人附和著。

「好了！好了！不要鬧了，反正閒著也是閒著，既然小陳有現成排好的命盤，你們不妨就依各人的觀點與理念來切磋切磋。憑良心說，這種實務演繹論述命盤的效果，可是超過了呆板的上課聽講。」

於是，幾個年輕人就聚精會神地檢視命盤上所顯現的命理訊號，並相繼地提出了他們的觀點與心得意見。

小杜首先發表他的意見：「此命盤命宮與三方會〈紫府相朝垣〉與〈殺破狼〉的格局，由於其中欠缺了左輔、右弼的扶助，所以，其人個性的展現可能很泛男性化，且剛烈正直，但還好有〈魁鉞〉、〈昌曲〉『尊貴』的效應，因此她給予人一種高貴且端莊的印象。

再者，命宮在亥坐紫微、七殺，且爲空劫所夾，象徵著幼年有離祖遷徙，不穩定的情形。再加上命宮與三方所會的煞忌星曜又多，有鈴、陀、羊、忌等，因此，幼年的家庭環境也不怎麼好過。但由於大格局的強勁氣勢，這些煞忌星適反成爲其『制煞爲用』的毅力，更是成就其日後事業的深厚本錢。」

我點頭讚許著，他終於開竅了，也懂得如何「制煞爲用」訣法。

一般的斗數研習者，只要是一見到煞忌星就有著一種恐懼與厭惡的感覺，殊不知如果沒有這些煞忌星曜的作用，那人類的一些大創舉，或是些極具冒險的開發事業，可能永遠也無法實現；當然，社會之所以能進步，這些煞忌星曜亦是其中的大功臣之一。

「民國五十二（癸卯）年，時年十一歲，大限在癸亥，癸使破軍雙化祿入流年命宮，是爲一種氣數大轉變的徵象，再加上先天強勢格局的配合，因此，以小小的年紀十一歲參加電台歌唱大賽，而獲得了第一名。

第二大限甲子，大限命宮為羊陀所夾，地劫坐守，且三方〈日月反背〉，因此，儘管有著歌唱冠軍的頭銜，但生活上仍呈顯著奔波勞碌之象。大限太陽化忌在申宮，因此，必待流年走過戊申年方有轉機之徵驗。大限廉貞化祿在卯宮，如此前後相連接，其運途應該由己酉年開始漸入佳境，因此到了辛亥年，又是先天的命宮所在，且雙馬坐守，所以，得以在此年有出國演唱的榮譽。」

小蔡一口氣地就鄧小姐二個限運之發展徵象論述完畢，雖然是顯得有些繁瑣，但重點只有一個，那就是他抓住了「發動宮位」的理論。

何謂「發動宮位」？簡單地說，就是氣數被引動的宮位，當然，這其中又以「動星」的效應最為明顯。所謂的「牽一髮而動全身」，因此，要想將何事應驗的年份抓得準確無誤，「發動宮位」實是最為關鍵的契機。

「乙丑大限，命宮僅擎羊坐守，雖然勞碌亦常，但卻已經顯現出她的強勁氣勢，再加上〈輔弼夾命〉，以及三方所會的〈紫府相朝垣〉與〈殺破狼〉強勢格局，所以這十年可說是她事業攀上最巔峰的時期。

可是，根據資料顯示，她於甲寅年二十二歲時，奪得了日本紅白歌唱大賽的冠軍，但甲使太陽化忌沖入流年命宮，又大限乙使太陰化忌入流年官祿宮，且三方所會的僅有〈機月同梁〉平穩的格局，綜合以上的資料顯示，何以她於該年會有如此的成就？」小杜帶著懷疑的口氣說道。

「虧你前半段還論述的不錯，但後半段卻犯了一般人『一個蘿蔔一個坑』的錯誤觀念。」我揪著他答道。

「怎麼說？」

一個命盤的論斷，絕對不能走「一就是一」的單一路線，而是要採全盤「前因後果」的連續性來論述判斷。這麼說吧：要判斷一件事或是一個人的好壞結果，不可能僅是以一點或是二點就來遽下定論，一定要綜合一段很長期的時間方始能下斷言；命理亦然。

因此，甲寅流年的冠軍寶座，實在是積其戊申、己酉、庚戌、辛亥、壬子、癸丑等年努力的結果。尤其是癸丑年突破性之強勁氣勢，方才有甲寅年的豐碩成果。

乙丑大限又是身宮所在，雖然有強勢格局的運程輔助，但終歸命宮爲刑忌坐守，似乎是有一種被迫而不得不去做的徵象，然而這已經牽扯到鄧小姐私人之事，在此我們也不便多談。可是這個不爲外人所知的徵象，卻似乎在冥冥中一直限隨且困擾著她。

流年庚申，時二十八歲，命宮有巨日與雙祿、權坐守，申宮的太陽落陷，但有雙祿會入，亦有著〈巨日〉的氣象，又祿權入子田線是一種成就的象徵，再加上〈空劫〉令人意料之外的效應，居然以一首「何日君再來」衝破了一向自閉的中國大陸。

「甲寅大限，命宮爲刑囚所夾，且有太陽化忌沖照，三方所會〈機月同梁〉的格局氣勢也平平，且有〈空劫〉與火星、忌星之騷擾作梗，因此，大抵來說，這十年的限運沒有過失就算不錯了。

另外，乙丑大限的太陰化忌，又正好引動了甲寅大限的官祿宮，所以，一待流年庚午走到（庚干又使天同化忌自坐），一切的是非麻煩亦隨之而至，這其中又以私人的感情糾紛問題最爲牽纏不清。」小陳提出了他的看法。

「真不錯！小陳你真的是出師了。」我笑著稱讚他說。

小杜：「民國八十四年，流年乙亥，此時大限已走入乙卯。乙干太陰雙雙化忌入先天疾厄宮、大限田宅宮以及流年的疾厄宮，且又大限疾厄化忌入本命，三方羊、陀、火、鈴齊會，古賦云：『戌亥羊陀須避忌。』另外，流年太歲亥又正沖照生肖巳，所謂『太歲當頭坐，禍災難免。』是故可得知，乙亥年必有禍災之事發生，且應驗在身體的健康方面。

太陰屬陰水，化忌成陰邪之象，同宮的天同亦爲水，遂被其侵入混濁；命宮紫微土生七殺金，但卻被鈴星的邪火所剋，以及陀羅邪金的滲雜，因此，可判斷出是一種長期性的呼吸系統之症狀，以及藥物的副作用。」

命理學中對於倒限與疾病的論述極少，因此，往往於實務的論斷上，總覺得有無法伸展的遺憾。

原本打算藉此篇的內容，將一些疾病或倒限的命理資料介紹給大家，但由於內容實在是太多也太繁雜，所以只好向各位說聲抱歉了。

但是，這個心願，我已經在著手進行之中，相信在不久的將來，一定會給各位一個圓滿的交待。

三、電視紅星，長腿姊姊──馬世莉小姐

小張現任職於某大報的影劇記者，由於職業上的必然關係，所以，對於影視圈內的一些八卦消息，可還真是難不倒他。再加上天生的一張大嘴巴，所以只要有他在的場合，場面必定是熱鬧非凡且笑罵戲謔聲不斷。

一天的下午，他突然地來到寒舍造訪於我，而且還帶來了一大籃的應時水果──金煌，說是要謝謝我平日對他在斗數上的指導與教誨，其實，像他們這種故獻殷勤的把戲，我又不是第一遭被他們哄過，雖然也明知一定又有什麼命理上的疑難雜症要來找我討論，但憑心而論，對他們幾個這種尊師重道的觀念作風，我還真是挺感窩心的。畢竟，因斗數而結交了許多有此同好的朋友，也算是平生的一大樂事了。

小張緩緩地自口袋中掏出一張命盤並說道：「這是一個同行朋友知道我對命理略有涉獵，所以特地跑來要我爲他解說一些相關的問題。可是，待我一看到命盤上所寫的名字，一時間也猶豫了起來，畢竟，人家是大明星，也一定有高

<table>
<tr>
<td>天梁（科）
陀羅
天馬
天姚
13～22
父母宮
己巳</td>
<td>七殺
祿存
右弼
文曲（忌）
陰煞
23～32
福德宮
庚午</td>
<td>擎羊
33～42
田宅宮
辛未</td>
<td>廉貞
天鉞
左輔
文昌
43～52
（身宮）官祿宮
壬申</td>
</tr>
<tr>
<td>紫微
天相
紅鸞
3～12
命宮
戊辰</td>
<td colspan="2" rowspan="2">農曆民國48年5月×日寅時生
己亥
馬世莉小姐
陰女：木三局
命主：廉貞
身主：天機</td>
<td>地空
53～62
僕役宮
癸酉</td>
</tr>
<tr>
<td>天機
巨門
兄弟宮
丁卯</td>
<td>破軍
天喜
63～72
遷移宮
甲戌</td>
</tr>
<tr>
<td>貪狼（權）
夫妻宮
丙寅</td>
<td>太陽
太陰
地劫
子女宮
丁丑</td>
<td>武曲（祿）
天府
天魁
鈴星
財帛宮
丙子</td>
<td>天同
火星
疾厄宮
乙亥</td>
</tr>
</table>

人在為其指點迷津，而我僅是一個名不經傳的小人物，充其量不過是對斗數命理有興趣而已。因此，才特地跑來向您請教。」

其實，小張斗數命理的程度已經算是很不錯了，再加上天生就有一付聰明又靈巧的頭腦，所以，每見他一次，就覺得他的程度又更上一層了，今天要不是他僅是以玩票興趣的心態來研習斗數，憑良心說，若再假以時日，我一定會被他超前趕過了。

我問：「你那個朋友想要問什麼問題？但我先聲明的是，如果有牽涉到當事人的隱私之事，恕不奉告。」

「這是當然。」啜了口茶水，小張繼續說道。

「這一、二年來，不知道是什麼緣故，事業運途總是不如人意，而且脾氣也較為暴躁，另外還有一件事很奇怪，那就是好像身旁追求的人特別的多，這到底是好？是壞？還是自己多疑心所致？」

「你所問的這些問題中，有關事業運途的，談談討論一下倒無可厚非，但是對於人家的婚姻大事，在對方沒有應允許可的狀況下來論述，好像有點那個……」我略帶遲疑的口氣說道。

由於一般我在爲人批斷命盤的習慣，總希望當事人也在場，一則可作爲應證事實之用，二則有些不方便講的地方，亦可當面的告訴他。這是一個原則問題，尤其是作爲一個命理師，或是地理師更應該有這種道德的觀念與原則，否則，一旦講了一些不該講的事情，反而會引起一場無謂的糾紛與不愉快，那可就失去了「輔導」的意義了。

「馬小姐現行辛未大限，辛使文昌化忌，而形成雙忌夾大限命宮，這會使她在這十年內易遭受到一些證券、票據或文書上之困擾，但還好〈輔弼〉亦夾命的幫助，所以還不至於會有很大的損失。

然而，在辛未大限中，三方會有〈天機天梁會擎羊〉與〈太陰擎羊〉的破敗徵象，再加上〈空劫〉的效應，所以可斷定馬小姐於此十年內，必然會有事多人煩、心不定的徵驗，其中可能與合夥事業的紛爭有關。」

小張：「聽他朋友說過是有這麼一回事。另外，這幾年不太在螢光幕上露臉，好像也是經過高人的指點使然。但爲何現在就可以重出江湖呢？」

我略微地檢視了命盤，再說道。

「流年戊寅，三方會成了〈紫武府相朝垣〉與〈殺破狼〉之強勢格局，再加上雙祿夾大限命宮的穩定效應，所以儘管有文昌大忌沖照流年命宮之徵象，卻反成爲她奮進衝刺的原動力。

再者，壬申大限，三方除了前述會合的強勢格局外，更有〈三奇嘉會〉的佳格，因此，綜合了此些命理的徵象，馬小姐事業的另一個高峰期，是定然可預期的。」

演藝人員的事業，表面上看起來是多采多姿，令人羨慕；但在私底下卻有著一籮筐不爲人知的心酸無奈事。所以，很多演藝圈的朋友，一旦有所空閒時間就會聚在一起打打小牌消遣消遣，像這種小玩小賭倒還算是正常，不傷大雅，但有些無法自我控制的人，就會有愈玩愈大的趨勢，而導致最後無法收拾的局面。

再者，人事的複雜更是演藝圈的一大特色，一個不小心，可能就會有吃虧上當的現象。尤其是女性的朋友，身處於這種複雜的環境中，就非得多增加一份防範之心，否則，一旦人財兩失之時，再想後悔也無濟於事。

之所以會有以上諸言語，相信聰明的妳，應該明白所指爲何。另外，在此我們亦預祝馬小姐的演藝事業一日千里，鴻圖大展，且名聲掌聲滿天下。

四、人間至悲，出生三載即遭喪母之痛

人世間最悲慘不過的，大概就是在早年或是仍在襁褓期，即失去我們最至親的父母了，這種感傷，實在是無法以文字來描述。

好像是冥冥中自有安排，當筆者在撰寫本文之同時，晚間的新聞節目就在報導一則雙親因車禍喪命，而留下幼女待哺的消息，畫面中小女孩面對父母遺照，即放聲大哭的情景，實在亦令人為其掬下一把同情的眼淚，孩子何辜？此情又何堪？寄望老天爺有眼，能早日地抓出那肇禍的司機，以正公理。

※　※　※

小尹，是一位因書信往來而結交的朋友，這三、四年來，由於南北授課的奔波，因而類似這種「筆友」可也結交了不少。

今天又接到了小尹的來信，信中除了一些噓寒問暖的客套話外，亦附上了一張命盤向我請益解說。由於白天為人作福，在山上忙了一天，所以，只好待晚上再來觀看究竟如何了。

<table>
<tr>
<td>文昌
天鉞

乙巳
財帛宮</td>
<td>天機
火星
地空

丙午
子女宮</td>
<td>紫微
破軍
㊒權

丁未
夫妻宮</td>
<td>鈴星
天哭

戊申
兄弟宮</td>
</tr>
<tr>
<td>太陽
左輔
地劫
㊒科

甲辰
疾厄宮</td>
<td colspan="2" rowspan="2">農曆民國71年正月×日巳時生
壬戌
郭小弟
陽男：土五局
命主：文曲
身主：文曲</td>
<td>天府
文曲
天刑

5～14
己酉
命宮</td>
</tr>
<tr>
<td>武曲
七殺
天魁
㊒忌

癸卯
遷移宮</td>
<td>太陰
右弼
陀羅

15～24
庚戌
父母宮</td>
</tr>
<tr>
<td>天同
天梁
㊒祿

55～63
壬寅
僕役宮</td>
<td>天相

45～54
癸丑
官祿宮</td>
<td>巨門
擎羊

35～44
壬子
田宅宮</td>
<td>廉貞
貪狼
祿存

25～34
辛亥
福德宮</td>
</tr>
</table>

。

已知事實：

郭小弟弟，民國七十一年（壬戌）出生，甲子年三歲，母親因得癌症過世。

一眼看到這個已知事實的敘述，不免鼻頭一酸，小小年齡即碰上這種悲傷的事，真是其情何堪？

郭小弟於壬戌年生，命宮在酉，父母宮在戌。命宮干己使武曲化忌與生年干武曲化忌會夾於父母宮，使得父母宮戌爲被雙忌所夾的局面。這種情形就有如宗教界所說的「前世欠他的債，今世要來索討」一般。

再者，郭小弟生年太歲爲戌，而父母又正好在戌宮，這就有如俗稱的「坐太歲」，再加上父母宮有太陰、陀羅與右弼坐守，因此，與母親緣薄的徵象極其明顯。

（註：太陰居父母宮有下列之徵象：

(1)受母系遺傳影響甚多，且亦較深遠。

(2)獨坐定要入廟，否則，主有幼年孤獨，或遠離父母，或有刑剋父母之徵驗。

(3)流年見煞、天刑、白虎，主母親有災厄。

(4)逢忌，又見羊陀，主與上司不和，且對自己不滿意。

流年甲子，甲干使太陽化忌沖照先天父母宮，且三方煞忌星如空劫、羊陀與火星亦均會照入父母宮，因此即可斷定本年母親必然會有事（太陰之故）。至於母親會有什麼事故呢？

斗數者母親的宮位是以兄弟宮論之，這一來就不妙了，除了本身自坐鈴星外，三方更是羊陀、火、空劫與化忌共會之盛況，尤其〈太陰擎羊〉凶格之引動，所以，流年一走入甲子年，其母親自然就有劫數難逃之徵象，而且病症可能是因肝病變而致死的。（有關疾病的論斷方法，筆者擬於《斗數專題講座》系列中再予以披露與闡述，敬請期待。）

看完了以上的相關論述後，相信一定有人會說：「這個小孩先天就帶『剋母的命』來出世的。」

對於這種說法，筆者並不是很認同，但若是依照宗教「因果」的解釋，那就什麼情況都可講得通了。

但，研究命理的態度卻不能以此為準則，否則，儘可將所有不明白的事理全部推諸於「因果」，如此，這個人生豈不是變成一片灰色濛濛的境界，由濛濛的因，結濛濛的果，反正大家都「濛」在一起了，那還有什麼意義可言？

因此，對於郭小弟是不是所謂的「先天剋母之命」，我們不得而知，但是由其命盤的推演顯示，其母先天的體質就不好（母親宮位三方會齊了六煞星），再加上母疾厄宮宮干自化忌入母子田線內，代表著其母子宮生殖系統亦有不正常的病症。所以，我們甚至於可說，郭小弟的誕生可能其雙親亦事先經過極爲慎重的考慮，方始才決定的。試想，在這種情況下，我們還能將「先天剋母」的罪名加諸在郭小弟的身上嗎？

最後，筆者要留一個問題給各位思考，即：

⊙在壬子大限，郭先生會有什麼大事發生？而且應驗於民國幾年？

有興趣者，不妨一起來思考研判一番。若不嫌棄，請將您的觀點與論斷結果來信（電）共同商研切磋。

五、慘遭綁票又撕票——白曉燕命案

民國八十六丁丑年，國內頗具知名度的演藝圈名人白冰冰小姐的女兒——白曉燕，於上學途中被人綁架，且揚言要五百萬美元的贖金才肯釋放人質。最後雖然不幸地仍以悲劇收場，但於事件的過程中，不論是警方鍥而不捨的緝凶行動，或是民間社會大眾的精神支援，在在都表現出一付令人欣慰與感動的事實。畢竟，「暴力」是大家一致唾棄的行爲，也唯有在一個安定且祥和的社會中生活，我們的身家性命才能得以有所保障。

儘管白案也已破了，三個凶嫌僅存其一的，目前也已正法，但回顧這件案子，社會所付出的成本代價也未免過高，更讓人覺得不可思議的是，凶嫌伏案之後一年多，竟然還讓其高喊「冤枉」地存活著，這不禁令人懷疑時下「正義公理」的標準何在？也無怪乎社會犯罪案件年年提高，且有居高不下，顯出扼止不了的無力現象。

俗云：「死是死道友，不是死貧道。」所以大家都不很在乎；但若不幸是降臨在自己或親友身上，你還能那麼地「泰山崩於前，而不改其色」嗎？

陳嫌與一干共犯曾到處喊冤，要求人權的庇護，試問，在犯案行凶之當時，是否也曾替被害人或是其家屬親友想過，他們也是人，他們也有人權，但你們又何曾尊重過人家的人權尊嚴？沒有。既然如此，那又憑什麼要來向社會的正義公理要求「人權」呢！俗云：「好漢做事好漢當」，若能如此，反比短暫的「苟活」來的有意義，不是嗎？

※　※　※

一位在刑大任職的好友，趁著其公餘之際來找我閒聊，由於他本身對於命理方面的研討也頗有心得，所以往往於重大刑案發生之時，總能提供一些相關資訊作爲辦案時之參考，也經常因此而掌握契機破了大案。

這幾年，我爲了研究一些與命理相關的犯罪心理的資料，特別麻煩他幫我搜集了一些歷年來有關的資訊，所以彼此間也因命理的關係，而成了很要好的朋友。

（由於友人一再地叮嚀，千萬不可曝光，故後文中均以「小齊」稱之。）

<table>
<tr>
<td>巨門
天殤
6 18
僕役宮 辛巳</td>
<td>廉貞 天相
5 17
（身宮）
遷移宮 壬午</td>
<td>天梁 陀羅 天鉞 鈴星
天月 八座 三台 紅鸞
4 16
疾厄宮 癸未</td>
<td>七殺 祿存 地劫
天姚
3 15
財帛宮 甲申</td>
</tr>
<tr>
<td>貪狼
天刑
7
官祿宮 庚辰</td>
<td colspan="2" rowspan="2">白曉燕小妹妹
農曆民國69年8月×日酉時生
庚申
陽女：火六局
命主：貪狼
身主：天梁</td>
<td>天同 忌 擎羊
2 14
子女宮 乙酉</td>
</tr>
<tr>
<td>太陰 科 右弼
8
田宅宮 己卯</td>
<td>武曲 權
26～35 1 13
夫妻宮 丙戌</td>
</tr>
<tr>
<td>天府 紫微 地空
9
福德宮 戊寅</td>
<td>天機 文昌 文曲 天魁
天喜
10
父母宮 己丑</td>
<td>破軍
陰煞
6～15 11
命宮 戊子</td>
<td>太陽 祿 左輔 火星
16～25 12
兄弟宮 丁亥</td>
</tr>
</table>

●白曉燕命盤探討：

小齊：「此命造破軍在子坐命是爲〈英星入廟〉的格局，再加上三方除逢會空劫二煞星外，並沒有其他凶煞的隱因，爲何竟然會有小小年紀就遭逢此意外之災厄呢？實在是讓人意想不到。」

他接著說：「命宮破軍坐守，宮干戊天機化忌入父母宮，代表著此破因在父母。的確，父母已離異，她是跟隨著母親生活。父母宮有昌曲，且父母的官祿宮有巨日會照，代表著父母於藝術才華上享有聲名，至於是父？抑是母？兄弟宮有巨日是爲母親的宮位，因此，可印證是爲她的母親。

白曉燕命宮破軍坐守，命主貪狼，先天即具有聰慧靈巧且早熟的性情，又身宮在午宮與命宮對照，且有廉貞、天相坐守，身主爲天梁，象徵著她行爲處事的有原則與有條有理，再會合三方〈殺破狼〉、〈紫府相朝垣〉的格局來看，在外與同學朋友的交往關係也很不錯，但由於缺了右弼的效應，因此知己貼心的閨中密友甚少。

類如命造的個性，居然會發生如此不幸的事件，實在是令人匪夷所思，不敢相信。」

我說：「的確，若僅是以白小妹妹先天的個人命理資料來看，是不可能會發生此不幸事件。但是，若將角度放在一六同宮與子丑六合的關係察驗，即可發現問題的導因是在其父母宮內。

父母宮不但會齊了羊、陀、火、鈴、忌等煞忌星曜，而且宮干己文曲又自化忌。另外，依宮位推算的理論，子宮又被亥與丑所夾，但亥子丑又有三會方的效應。因此，找到了這層命理的因果關係，則白小妹妹會出事的命理現象即可輕鬆推演得知。」

小齊好奇又驚異地道：「姜老，你這是哪一派的理論？哪有人如此地論斷命盤！」

「哈！哈！國際知名美容專家蔡燕萍小姐曾說過一句對『美容』方面的至理名言：『自然就是美』，這個理念正好與我所倡導『生活化易經』的理念不吻而合。所以，我什麼派都不是，但只要合乎自然法則的理論，我都可將其應用於論斷之中。你說，這不也是一件很自然且灑脫研討命理的態度嗎？」

我的這一番論調，竟然使他低頭沈思了良久，才突然地併出了一句：「的確，『自然就是美』。」

雖然僅是寥寥地五個字，但我知道，他已悟透了。而且是真正地悟透了，什麼「飛星四化派」？什麼「九九倒提派」？什麼「斗數威而剛派」？從今而後，都僅是「一堆狗屎」的障礙罷了。古云：「盡信書不如無書」，而我認爲現在應改爲「有派不如自然，無派反倒輕鬆自在，海闊天空。」

「本命第二大限丁亥、丁巨門化忌沖入大限命宮；民國八十六年歲次丁丑，巨門化忌又沖入大限命宮，以及先天與流年的兄僕宮位，小限十八歲在辛巳，辛文昌化忌入小限財帛宮，大限福德宮，以及先天父母宮。

(1)忌沖命，有著死亡之徵驗訊息，巨門，化氣曰暗，又爲北斗星，故主上五年必有事情發生。

(2)流年忌沖大限命宮，即可確定發生的時間。

(3)小限忌入小財，同時又爲大福與先天父母的宮位，可得知此事件之因是由此所出。

因而，此事件之所以會發生的前因後果，我們即可一目瞭然：

(1)被綁票的原因：是緣由於父母錢財的關係。

(2)被什麼對象所綁架：是父母所認識的友人。

⑶可否逢凶化吉：忌入命、福二宮，且太陽又落陷，化吉的機率可謂是極爲渺茫。」我分析道。

另外，巨門所具有的地理徵象爲暗溝渠，或是排水道，加了化忌，代表著已廢棄不用；對宮的太陽是爲空曠無際之空地，這不正與棄屍地點相吻合。

巨門有著一種門面的意象，化忌則代表著有被「擊」的微象，當然還其它與命理相吻合的徵驗，但由於其中有一些牽涉到當事人的隱私問題，筆者在此就不便多作贅述。

※　　※　　※

很遺憾！一個年輕活潑的小生命，竟然成爲社會治安不良下的犧牲品，雖然，白小妹妹並不是國內首宗的擄人撕票案，但也因爲她的犧牲而喚起了社會大眾的意識覺醒，進而也促使相關單位的重視，所以說，白小妹妹的犧牲可也算是非常地值得，而在天之靈的她，也應該感到驕傲與欣慰了。

六、自殺命例的探討

俗云：自殺是懦弱的行爲表現。但當命運作弄人時，這一切的行爲，又好像變成「極正常且應該」的現象。然而又可曾想過：「死者已矣，生者何堪？」之悲痛心情。

人生在世，不過幾十寒暑而已，又既生爲人，誰無七情六慾與生老病死之過程，「人生不如意十之八九」古即有明訓，又何必如此地耿耿於懷而想不開呢？想想古今中外的偉大人物，他們在功成名就之前，又有哪一位是在平坦順遂的處境過程中走過來的，所謂「不經一番寒徹骨，那得梅花撲鼻香」，這不正是一句最佳人生際遇寫實的勵志緘言嗎？

這個世界上，最不容易破的難關，以及最難打倒的敵人，大概就是自己了。若是能認淸體會這一點，相信於往後的運途上，一定能有所擔當與使命感，進而能締創出一個有理想且前途似錦的康莊大道。

※　※　※

<table>
<tr>
<td>廉貞
貪狼
右弼
天鉞
父母宮 乙巳</td>
<td>巨門
鈴星
天姚
福德宮 丙午</td>
<td>天相
文昌
文曲
天喜
田宅宮 丁未</td>
<td>天同
天梁（祿）
地空
官祿宮 戊申</td>
</tr>
<tr>
<td>太陰
火星
6～15 命宮 甲辰</td>
<td colspan="2" rowspan="2">農曆民國51年6月×日卯時生
壬寅
項女士
陽女：火六局
命主：廉貞
身主：天梁</td>
<td>武曲（忌）
七殺
左輔（科）
天殤
僕役宮 己酉</td>
</tr>
<tr>
<td>天府
天魁
16～25 兄弟宮 癸卯</td>
<td>太陽
陀羅
（身宮）遷移宮 庚戌</td>
</tr>
<tr>
<td>地劫
天刑
26～35 夫妻宮 壬寅</td>
<td>紫微（權）
破軍
紅鸞
子女宮 癸丑</td>
<td>天機
擎羊
財帛宮 壬子</td>
<td>祿存
天使
疾厄宮 辛亥</td>
</tr>
</table>

下班前，接到小陳的電話，約我晚上到茶藝館品茗聊天，並有二位朋友想和我認識認識。

「有那麼好的事？是不是又有什麼疑難雜症？」

小陳：「沒有那麼嚴重啦！只是有份比較特殊的命盤想向你請益請益！」

「我就知道哪有那麼好的事，光是喝茶聊天！」

小陳：「嗨！嗨！就這麼說定了，晚上恭候大駕。」於是掛了電話。

照著約定的時間到達了目的地。舉目環視這家茶藝館的規模還真是不小，進了門，向服務台問清楚了小陳他們包廂的位置，就逕自地邊走邊找，「三〇八」就是這一間了。

開了門，就看見小陳與他的二位朋友已然在座，看到我進來，隨即起身地自我介紹。

「好了！好了！大家不要一味地站著，請就座，請就座。」小陳擺出一付恭請入座的手勢，當然我也就不客氣地坐了下來。

「姜老師，今天請您來，主要是我這二位朋友久仰您的大名，一定要來拜訪您，並且向您請益一番，因此特別叫我約您出來，還請您見諒爲是！」

「幹嘛那麼客氣！以後不要再那麼地麻煩了，我這個人一向隨緣隨性，對於這樣客套且拘束的場面，我會很不自在，所以也請二位不要太過於拘束，放輕鬆點好嗎？」

由於是初見面，而且又是冠上了「久仰大名式的拜訪」，憑良心說，我還真怕場面太過於客套與嚴肅了，所以，乾脆就先下手爲強。

沖上了第一泡茶，大夥兒話匣子也隨之而開。小陳首先問道：「以前上課的時候，好像沒有聽過老師講解自殺命盤的論斷方法。」

「的確，是沒有專對自殺案例的介紹，但是，卻有對『倒限』做過深入的解析與論述。

自殺亦屬於『倒限』的一種，因爲，它也是具有一種因果關係的行爲，所以在論斷判定上，也可依據『倒限』的理論觀點來論述之。」

聽完了我這一番的解釋，小張拿出了一張命盤並說道：「這張命造於民國八十三（甲戌）年，因感情問題而服毒自殺了。像這種自殺的徵象，在命盤上，是否能尋出其命理的訊號呢？」

「當然可以，但我先賣個關子，讓你們先表現一下，並請注意我先前講過的『因果關係』理念。」

在他們聚精會神於命盤上時，我自己斟上了一杯茶，並慢慢地送入口中，仔細地品嚐這茶茗所蘊涵之獨特的香氣，以及那甘醇潤喉的味道。的確，「愛喝茶的小孩不會變壞」，古人實誠不欺我也！（什麼跟什麼嘛！何時又冒出這麼一句話，莫非我居然「茶醉」了。）

小陳：「此命造，命主廉貞，身主天梁，命宮納音爲火，可見其人在性情上不但不穩定、很急躁，而且自以爲是，十足的叛逆表現。」

小田：「本命造〈日月反背〉，格局不高。命宮太陰、火星坐守，且有對宮的太陽、陀羅照入，很明顯地可看出其人不但有性情不穩定之徵象，且與六親緣薄，尤其是母親，再加上三方會齊煞忌星曜與〈天機天梁擎羊會〉之大凶格徵象，所以可判斷此女幼年時期一定非常的難養，但還好，基於一六同宮的效應，疾厄宮有祿存的護命，以及對宮右弼、天鉞的會照佐助，因此才勉強地延活下來。」

命宮在辰，個性上會有誇大不實、自我澎脹的傾向，再加上太陰水與火星火的水火互剋現象，因而造成此女不但在個性上陰晴不定，反覆無常，而且還甚爲感情用事；可是由於太陰坐命的關係，所以外貌上還蠻具有幾分姿色，而且人也挺具有小聰明的。

另外，本造命宮、身宮與福德宮皆有煞忌星坐守，且三方又沒有強勢格局來搭配，由此亦可看出，此女一生的命運定然坎坷多事，而且會步入風塵討生活。

「第二大限癸卯，天府、天魁坐守，這二顆養尊處優不事生產的星坐命，代表著此命這十年大多靠著外貌在生活，再加上三方均有會吉星的效應，如〈府相朝垣〉，雙祿與昌曲的會逢。所以可說是「火山孝子」滿天下，然而基於對宮武殺，以及大限貪狼忌入大限福德宮之效應，因此於過程上，也是辛勞備至，且狀況亦層出不窮。

乙丑年二十四歲，行運大限夫妻宮，有昌曲、鸞喜，以及流年三方〈三奇嘉會〉會照先天夫妻宮，於是披上白紗爲人婦。然而，先天夫妻宮有〈空劫〉與天梁星的效應，致使此女不但嫁給一個大她八歲以上又離過婚的丈夫外，而且婚後的狀況總是處於爭吵中不穩定之象。」小張說道。

本造夫妻宮無主曜，已爲此女一生的婚姻問題劃上了一個「遇吉則吉，遇凶則凶」的徵象，可惜三方所會〈空劫〉、羊陀、火鈴，以及〈天機天梁擎羊會〉之種種凶象，因此，註定此女一生婚姻的不幸。

還好本限所會格局的結構還蠻強勢，所以對於婚姻不佳的徵象，還具有穩定的作用，可是天府、天魁高姿態之勢，也是造成其日後不幸事件的主要因素。

小陳端視著命盤，突有所悟地道：「此女於二十七歲時，其夫可能因錢財上的糾紛而喪命。」

他接著道：「戊辰年二十七歲，流年夫妻宮在寅，大限壬寅，又為先天夫妻宮，戊使天機化忌入大限的夫妻宮，又壬使武曲化忌入先天夫妻宮的疾厄宮，再加上三方六煞俱全，所以在戊辰年，此女定有喪夫之不幸。」

小張：「的確，她這位先生很喜歡賭博，而且逢賭必輸，聽她說，其夫與前妻離異的原因就在於賭博，不但把家產輸光了，且外舉的債務不少。所謂『本性難移』一點不假。這次的意外事件，也是因賭博負債所引起，由於她長期地賣笑賺錢供他賭博揮霍，使得她的丈夫有愈賭愈大的現象，最後竟向地下錢莊借貸來賭，所以才會造成這種悽慘的下場。」

小陳插口說道：「好像事情並沒有因其夫的死，而得以解決，甚至還是其日後服毒自殺的導因。

大限命宮有空劫會照，大限財帛又有〈日月反背〉的週轉不靈之象拮据，再加上火星、陀羅的肆虐，所以財務上的困窘與糾紛勢必更爲加重。

甲戌年三十三歲，甲太陽化忌沖本命，再加上三方『一刑二空三煞』（註一）大凶之效應，因而自殺了。」

本命造自其夫亡後，一路所逢會之行運都是凶多吉少的，如己巳年二十八歲，己文曲化忌入先天田宅宮，與大限的僕役宮，已顯現出其借貸調頭寸的地方開始「拒絕往來戶」了。

庚午年二十九歲，庚天同化忌入先天官祿宮，與大限的遷移宮，象徵著她的工作出了問題；辛未年三十歲，辛文昌化忌入流年命宮，先天田宅宮與大限僕役宮，代表著她本身的信用度已蕩然無存，且開始了靠典當過生活；壬申年三十一歲，壬武曲化忌入大限疾厄宮，且武曲屬金，所以身體的疾病開始侵擾她了（註二）。

癸酉年三十二歲，癸貪狼代忌入先天父母宮，大限的田宅宮與流年的財帛宮，這一年對她來說，可是完全絕望之年，不但家徒四壁，借貸無著落，而且病情又顯現併發症狀；因此到了甲戌年三十三歲，甲太陽化忌入流年命宮且沖入先天命宮，一切絕望，最後則以死作爲解脫，而了卻其勞祿憂鬱的一生。

註一：「一刑二空三煞」的「死限」理論，是由潘子漁先生所創的，徵驗度還不錯，各位讀者不妨逕自加以驗證。

註二：武曲屬金，化忌後成「邪」金，因此，亦影響了屬水器官的功能。五行屬金的疾病會顯現為呼吸系統與骨質方面的症狀；五行屬水的疾病是為腎臟泌尿系統，以及血液循環方面的症狀。

七、黑道殺手，國內十大槍擊要犯

——黃鴻寓

曾經轟動國內，並名列「十大槍擊要犯」的黑道冷面殺手—黃鴻寓（綽號「黑牛」）。他這一生之所以會選擇這條江湖的不歸路，是因緣際會？抑是命中註定？本篇的內容即是以命理的角度來探討研究其因之所在。

「江湖路，很難走；江湖飯，不好吃。」雖然是一句很普遍且眾所周知的勸誡語，但很奇怪地，卻仍有很多人陷於其中，且無法自拔。這個事實不但是他個人的悲哀，而且也是造成社會混亂與不安定的根源。

因此，在進入本主題內容之前，筆者亦誠摯地盼望此刻正陷於江湖泥淖中的朋友，勇敢地脫離這個「不歸路」的環境，光明且前途無量的康莊大道正等著你去開創、去收成呢！預祝你的成功。

※　※　※

颱風天，外面是風雨交加，家裡可是正當熱鬧非常。前些日剛結業的學員

紫微 七殺 文曲(忌) 陀羅 天虛 13~22 5 17 29 父母宮 己巳	祿存 23~32 6 18 30 (身宮) 福德宮 庚午	左輔 右弼 天魁 擎羊 天貴 天哭 33~42 7 9 31 田宅宮 辛未	陰煞 43~52 8 20 32 官祿宮 壬申
天機 天梁(科) 八座 天姚 紅鸞 3~12 4 16 28 命宮 戊辰	農曆民國48年4月×日丑時生 己亥 黃鴻寓命造 陰男：木三局 命主：廉貞 身主：天機		廉貞 破軍 文昌 天殤 9 21 僕役宮 癸酉
天相 3.15.27. 兄弟宮 丁卯			火星 地空 三台 寡宿 天喜 10 22 33 遷移宮 甲戌
太陽 巨門 孤辰 2.14.26. 夫妻宮 丙寅	武曲(祿) 貪狼(權) 天鉞 1.13.25. 子女宮 丁丑	天同 太陰 地劫 天刑 12.24. 財帛宮 丙子	天府 鈴星 天使 恩光 11.23. 疾厄宮 乙亥

又相邀到家裡來挖寶了，大家你一句，我一句，有的在談工作上的近況，有的在談孩子們的趣事，也有的在商討切磋斗數的問題等，這情景就如同上了菜市場一般地。正當大夥忘情地嬉笑閒聊之時，學員中最頑皮且精靈古怪的王同學開口大聲說道：

「今天難得的颱風天，老師不用出門，而且咱們同學也都大致到齊了，所謂『選時不如撞時』，我們何不趁此良辰吉時，請老師再傳授一些法寶秘笈，讓我們日後在江湖行走能夠更加地平穩且罩得住。」。

結果如何？當然不用我再多說，「能不答應嗎？」儘管如此，內心中對這些學員還真是讚賞有加，因為他們除了具有一份認真求知的研習態度外，他們之間所建立起的這一份真摯的友誼，還真是我所教過學員中最具有凝聚力且和諧互助的一期。就拿上個月一位做保險業的學員來說，他如果能再有二十萬的業績即可晉升到經理的職任（保險業經理的職位可是很高的等級），這個消息傳到他們同學的耳中，立刻約集商討，結果以配額的方式，讓這位學員順利地登上經理一職。當然，事後慶功宴感謝與熱鬧的場面，自是不在話下。

這時，大夥也已魚貫地坐在以往上課的位置了，於是，我從蒐集的命造中，特地挑選了這張與颱風天有關的命盤，作爲今天講述的主題。

很快地將這張命盤畫在黑板上，並向大家說道：「今天我們改變一個方式來玩，先由大家提出你們各自的觀點與意見來研究討論，我則居中補充與最後的講評。」

看看大家都沒有意見，而且也都開始專注於命盤的思考，於是啜了口茶，等著他們發表心得意見。

王同學首先發言道：「本命造命主廉貞星，但落於僕役宮，所以僅能代表其先天個性較易暴躁，但卻也很能吃苦的意象；身主天機，落於命宮，是爲一種靈巧聰慧好動的意象，生年己干使文曲化忌入父母宮，再加上父母宮己干文曲自化忌，所以有幼年失怙的徵象。」

「辛丑流年，三歲，辛干文昌化忌會入先天父母宮形成雙忌的凶象；再根據古訣所載：『機梁同在辰戌守命，若遇羊陀空曜，偏宜僧道。』而此造命宮天機、天梁坐守，三方又會空、劫、火星等煞星曜，正符合古訣的『刑剋』意象，因此有三歲即失怙的徵象甚爲明顯。」我補充說道。

陳同學也接著發表意見說：「第一大限戊辰，戊干天機化忌入大限命宮，三方會〈機月同梁〉與〈空劫〉等格局，可看出其周遭環境的貧困與蹇阻，但還好有〈巨日〉旺格之助與祿存穩定心態的影響，再加上〈空劫〉不爲環境低頭意象的個性展現，所以，雖有喪父之痛與失怙之悲，仍得以咬牙地渡過難關。」

對於星曜組合格局的釋義與應用，千萬不可太過於專執，否則便有如入死胡同而無法靈活迴轉之現象。如〈空劫〉，是有著「半天折翼，浪裡行舟。」等之意象，但從另一個角度來看，不也是有「置之死地而後生」異軍突起之事實。所以，一般於實務論斷上，凡是見有〈空劫守命〉或是〈空劫夾命〉之命造，不都也是勸其定要習得一技之長或專精之藝，日後必能有所成就。

想想這不就是因爲這些人個個都具有極爲靈巧且聰慧的頭腦，但就是不肯用心學習且易爲外物所分心，不是嗎？

蔡同學：「第二大限己干文曲化忌坐守，第三大限庚干天同化忌亦沖照大限命宮，又爲先天身宮所在，可見其人生的轉捩點即在於此。」

這種觀點與論調就是中了「飛星四化」理論的毒素，凡見「忌沖」或「忌坐」，不管青紅皂白一律以凶論之，這實在是大錯特錯也。

第二大限己巳，雖有己干文曲化忌的自入，以及羊、陀、鈴等煞星的侵擾，但由於是位在先天父母的宮位上，因此是一種依靠作用的徵象，亦即代表著此大限內，家庭的環境仍是貧困與拮据；至於他本人，由於三方所會〈紫府相朝垣〉與〈巨日〉之強勢格局，所以才有考上不錯高中的應驗。乙卯年十七歲考上彰化高中，但由於乙干太陰化忌入流年子田線，以及先天財帛宮與大限的疾厄宮，因此不久即因家境的影響而休學了。

第三大限庚午、庚干太陽化祿，雖然加強了〈巨日〉格局的氣勢，但是大限命宮也是先天身宮與福德宮之所在，卻爲羊陀所夾，天同化忌沖照，再加上三方火星、空、劫負面的影響，所以他從這個限運開始走上歧途。

第三大限天同化忌入遷移宮與先天的財帛宮，可代表因財引禍之徵象；再加上大限官祿宮地空、火星直沖本命，所以亦可看出其手段的殘暴與凶狠。

在本限中，大限遷移丙干廉貞化忌入先天兄僕線；大限僕役宮干乙使太陰化忌又入大限遷移宮；大限官祿宮甲干太陽化忌沖先天官祿宮。遷移宮看其人出外的狀況，僕役宮看其人交友的情形，官祿宮看其人事業經營的徵象；至於大限命宮祿存坐守，祿存這顆星是一種遇吉呈吉、遇凶呈凶的意象，所以綜合以上諸現象，第三大限這十年，可說是他黑道生涯的黃金巔峰期，但也是他一步一步走上人生終點的不歸路。

庚午流年，三十二歲，也是先天身宮與福德宮所在，流年命宮被羊陀所夾，三方又會有〈一刑二空三煞〉的大凶格局，流九月在子宮，天同化忌坐守，又是「發動宮位」所在，因此被捕且於次年四月伏法，而結束了他要狠殘暴的黑道人生。

綜觀黑牛一生運途的走勢，可說是變化非常的大，而其中的關鍵要素即在於「朋友」。古有「損者三友」與「益者三友」之明訓，而黑牛即選擇了「損者三友」，因此才導致其走上了這條江湖的不歸路，而毀了他的一生。

在此藉這則真實且血淋淋的案例，奉勸各位青年朋友在結交朋友前，眼睛可要放亮些，頭腦也要理智地去判別、分辨，否則，一失足成千古恨，再回頭也已百年身了。

八、是造化弄人，還是命中註定？
——婚姻遊戲

上星期天應××協會的邀請，做了一場斗數命學的專題講演，當天的狀況還算踴躍，場內所準備的二、三百張座椅，也大致座無虛席。這麼捧場的場面對於一個演講者而言，實在是有著一種很大的鼓勵與興奮的效果，所以，在短短的三個小時內，此起彼落的發言聲不絕於耳，而我也很高興且樂意地一一為他們解答問題。

各位可能會覺得很奇怪，是什麼樣的主題，居然會有那麼多的問題發問，而且其中又以青年男女居多？相信這個答案已經在你們的心裡了，沒錯，講演的題目就是「斗數看現代的愛情與婚姻觀」。

愛情與婚姻，這兩種東西，大概是自有人類起，它就開始存在了。然而，人類雖然與其共存了那麼久遠的年代，但是，對於它的瞭解，直到今日，仍還處於摸索與又愛又恨的階段中。這到底是怎麼一回事？又為何會如此呢？客觀地二句話做結論：「不識廬山真面目，祇緣身在此山中。」

武曲(權) 破軍 天刑 13～22 兄弟宮 辛巳	太陽(祿) 文昌 火星 3～12 命宮 壬午	天府 天鉞 陀羅 地空 父母宮 癸未	天機 太陰(科) 文曲 祿存 福德宮 甲申
天同(忌) 23～32 夫妻宮 庚辰	農曆民國49年9月×日辰時生 庚子 朱小姐 陽女：木三局 命主：破軍 身主：火星		紫微 貪狼 擎羊 天喜 天姚 田宅宮 乙酉
地劫 紅鸞 33～42 子女宮 己卯			巨門 官祿宮 丙戌
右弼 鈴星 43～52 (身宮) 財帛宮 戊寅	廉貞 七殺 天魁 53～62 疾厄宮 己丑	天梁 左輔 63～72 遷移宮 戊子	天相 僕役宮 丁亥

時下一些有名的作家或是名嘴，就是利用了這個「事不關己」的立場，而大言不慚地「教化」大家處理愛情或婚姻的方法，可是一旦親身面臨時，其笨拙且愚蠢的處理方式，根本就與其著作中所言的瀟洒、明智的原則，有著天壤且極端的差別。

如前些日子因離婚事件而轟動一時的大作家林××，還好靠著他能言善辯的專才，而得以「愈描愈黑」，且以「公道自在人心」一語作爲其「默認」的收場（笑話一則）。

另外一位邱×，更應用了「先打先贏」的招式，而化解了一場因「名利」結合，而後又因「名利」離婚收場的鬧劇。

類似這種案例，可真是叫人啼笑皆非，但他們仍是時下最佳創造愛情遊戲的高手，且能自其中而大賺「版權所有，翻印必究」的錢財。當然，最倒楣的，要算是那些年輕無知的少男少女，不但是空了荷包，而且就算是「照章行事」，亦無法消災與解決困難。

但是，如果你對斗數有做過深入地探討與研究，你一定可以從其中的命理徵象，而找出處理與解決的方法。爲了證明我的所言不虛，我們就拿一張命盤來討論分析，看看這位女士有關婚姻的一些命理跡象。

事實一：

本命外型漂亮、艷麗，爲人熱情且正直，且特別有男人緣，處理事物明快簡捷，絕不拖泥帶水，雖然人緣交際甚廣，但卻有得理不饒人之強捍作風。

解說：

本命造命宮居午，有太陽、文昌與火星坐守。生年太陽化祿與命宮太陽自化權均亦飛入命宮，由此可見其個性的男性化，與光明正直的表現，若再加上命宮所處「離」卦象艷麗、附麗意象之配合，正好符合所知事實之敘述。再者，身宮居寅宮，寅者，演也，又有右弼與鈴星坐守，所以，他在爲人處事方面，可說是唱作俱佳，且極得周遭眾人的欣賞與認同、然而，三方所會之火星、鈴星與天刑，亦可印證其「得理不饒人」、「翻臉如翻書」般的極端徵象顯示。

再者，命主破軍的強勢作風，以及身主火星一觸即發的特性，均是印證所知事實的最佳資料。

如果依《易經》卦象的氣數來演繹：

・命宮在午，爲氣之極，是所謂的「亢龍有悔」。

・身宮在寅，爲氣之始，是所謂的「潛龍勿用」。
然而，命宮爲先天，身宮爲後天；先天宜靜，後天宜動，兩相對照，似有相互違背之象，因此，對於本命造個性的詮釋，更可得到進一步的認知與瞭解。

所以說，除了已知的事實外，我們更可進一步地瞭解到，此命造內心的矛盾與孤獨落寞感。尤其是太陽爲父星、夫星的地位，但卻落入了她的命宮，因而導致其與父親無緣，以及日後於婚姻路途上的不美滿與不如意之徵驗。

事實二：

辛酉年，二十二歲結婚；壬戌年，二十三歲離婚。

解說：

先天命宮有太陽化祿坐守，而太陽具有博愛與早熟之意象，再逢化祿，這種徵象就更趨顯於強烈。再者，第二大限又會逢了〈紫貪〉、〈廉貪〉、〈鸞喜姚〉，以及〈廉殺擎羊〉等諸桃花劫煞之格局星曜組合，因此，可論定在此大限中，必然已偷嚐了「禁果」而體驗了人生。

流年辛酉，二十二歲，爲辛巳大限的最後一年，辛干使巨門化祿入先天夫官線，且形成祿忌交戰之現象，再者，大限夫妻宮又逢會天喜，紅鸞與天姚諸桃花星曜。這些星象的組合可以明顯地得知，此女會在不情願的狀況下，與人有了性行為，而且受孕了，因此，只好將就地與該男士合組家庭。（結婚的月份應在辛酉年的五月份。）

流年壬戌，二十三歲，大限走入庚辰，也正為先天的夫妻宮，庚干使天同化忌，形成雙忌坐大限命宮的凶象，且沖會流年命宮，以及流年的夫妻宮，因此，在壬戌年的三月間即離婚了。至於離婚的原因就留給各位自行去探討，畢竟，這已經有牽扯到當事人的隱私面子問題，所以在此不多作敘述了。

問題一：

會中有人問道，此命造最佳的適婚年齡為何？

答：應晚婚為宜，早婚易破。以現代的觀點來說，女命晚婚大概在二十八、九歲左右；男命則以過三十歲為最佳。

問題二：

本命造是否還有再婚之象？

答：這個問題就必須分成二個角度來論：

(1)就人事而言：當然有再婚的可能，俗云：「男大當婚，女大當嫁。」不是最好的例證嗎？

(2)就命理而言：本命最好的再婚年齡，宜在三十三歲以後，否則還有再破之徵象。

問題三：

若是碰上老婆是屬於這種命格的話，要如何地化解？

答：憑良心說，如果是事實，我還真爲你慶幸，又爲你悲哀。慶幸的是，就算有天大的事，你老婆一定會出面幫你解決，而悲哀的是，你的男性尊嚴，可能會有一輩子被埋沒的現象。

至於要如何地來化解，我想大概只有一個辦法，那就是彼此間相處心態的調適。如果連這一點都無法做到，相信就算有再高的法術或秘術，也無法解開這個心結。你說是嗎？

問題四：

若根據其子田宮位星曜性情的顯示，此命造於性愛方面的需求量是否很大，而且也喜歡變化多重的性技巧？

答：這個問題在這種大庭廣眾下面答，合適嗎？可以嗎？（只聽到會場中齊聲答道：「可以。」一付無奈的表情。好吧！可以就可以，反正是在做學術討論。）

子田線的另一層意象，就是在做「家裡的工作」，宮位裡所坐的星曜，若是較為柔和的，可代表對於「工作」方面的慾望較為普通也算正常；但若是宮位裡的星曜氣勢很剛強暴戾，則代表著「工作」的慾望強烈熾熱，而且對於表現的方式也較具有多樣的變化性。

依照這種理論觀點來對照此命盤，相信大家一定能夠有所體會且瞭然了。

九、巾幗不讓鬚眉，榮任兩屆市民代表

民國八十七年初，透過朋友關係的介紹，而認識了×女士，於言談中，才得知她竟然年紀輕輕即已當選了市民代表，然而，於去年年底有心想更上一層樓，而參加了縣議員的選舉，以期使其服務的層面能更為廣泛與普及，可惜，不幸失利了。因此，決定再轉戰今年六月間市民代表的連任選戰。由於有了去年的失敗再加上又是連任的保衛戰，所以也就特別的重視與用心。

待一伙人依次地坐定位了以後，於是我向她問明了相關的出生資料。並著手開始起盤佈星了。

公職人員的選舉，在台灣，幾乎是每二、三年即會碰上一次，而每次選戰的激烈盛況，可以驚天地且泣鬼神來形容之，尤其是在近幾年，情況更為顯著。如在民國八十七年六月間的鄉、鎮、市民代表與里長的選舉中，有一位候選人的競選總部不但是設在廟宇中，而且其選舉幹部成員全部均為神明擔任，這種作風與行為於台灣的選舉歷史中，還真是稱得上是「前無古人」的了。至

<table>
<tr>
<td>巨門
天鉞

乙巳
田宅宮</td>
<td>廉貞
天相
鈴星

丙午
官祿宮</td>
<td>天梁（祿）
左輔（科）
右弼
文昌
文曲

丁未
僕役宮</td>
<td>七殺
地空
天馬
陰煞

戊申
遷移宮</td>
</tr>
<tr>
<td>貪狼
火星

甲辰
福德宮</td>
<td colspan="2" rowspan="2">農曆民國51年4月×日卯時生
壬寅
×女士
陽女：金四局
命主：祿存
身主：天梁</td>
<td>天同

54～63
己酉
疾厄宮</td>
</tr>
<tr>
<td>太陰
天魁

癸卯
父母宮</td>
<td>武曲（忌）
陀羅

44～53
庚戌
財帛宮</td>
</tr>
<tr>
<td>天府
紫微（權）
地劫

4～13
壬寅
命宮</td>
<td>天機

14～23
癸丑
兄弟宮</td>
<td>破軍
擎羊
天刑

24～33
壬子
夫妻宮</td>
<td>太陽
祿存

34～43
辛亥
子女宮</td>
</tr>
</table>

於這位仁兄最後是否得以當選？由於此部份不在本文之範圍，所以我們也就不需要去多費心思了，反正俗話說的好：「命裡有時，終須有；命裡無時，莫強求。」不是嗎？

正當我將命盤排好，要開始論述之時，介紹人周先生突然問道：「有關於這種選舉命盤的論斷，要以什麼理論角度來作爲論斷的依據重點？」

周先生本身於政經界的交際不錯，而且對於紫微斗數的研究也相當地投入，且頗有心得。所以，他每次來總會帶一些較爲奇特，或是有所疑問的命盤，甚至有時連當事者也一起前來而相互印證。

今天就是連當事人也一併前來，所以可預期地，他的問題一定特別的多，而且他還特別地喜歡打破砂鍋，追問到底。

「對於候選人命盤的論斷重點，其實也不會太過於深奧艱難，甚至還可以說，與一般地命盤論斷差不了多少。但爲何一般的論命者，卻總覺得『不好論』，或是『負擔很大』；其實這都是被一些『先入爲主』的概念所左右，或者是爲名利與得失而考慮太多。因此，也就無法站在很客觀的立場來論述之。」我啜了口水，繼續地說道。

「決定選舉成敗的因素很多，也很複雜，所以，往往在論斷一張此類型的命盤，我總是比一般的命盤多花費了一倍以上的時間與心思。畢竟，這其中不但關係了成與敗的結果，而且還關係了所花費龐大巨額的資本與時間精力。

論斷選舉命盤的重點在於天時、地利與人和的搭配。天時包括了運限吉凶的推查與判斷；地利是爲競選總部的適宜與否；人和就是推論人事宮位間協調與否之現象，因此，只要能將此大原則拿捏得準，再逐步地將其抽絲剝繭、分類解析，如此，定能得到一個正確無誤的論斷結果。」

×女士聽完了我的一番論調後，也提出了意見：「一個選舉命盤的論斷，真的是像你所說的有那麼複雜嗎？記得我於民國八十一年底，第一次參加市民代表的選舉時，也曾經人介紹去問過運途如何？記得當時那位老師看完了命盤，即斷定『高票當選』，事後的結果，雖然是當選了，但票數卻是在瀕臨落選之邊緣，可謂是千鈞一髮，請問這又是什麼原因所造成的？」

命理學之所以會稱爲命理學，就是因爲「命」，它有著一種因果關係的道理存在，例如，你本身的個性是爲內向文靜的典型，一旦要讓你去從事一些完全外向動態的職業，試問：你能做得來嗎？或是做的愉快嗎？

至於對命理論斷的方法，由於現今相關的門派四處林立，繁雜多歧，而且也各自打著擁有所謂「獨門絕技」的招牌，甚至還有連「掌門人」（如一些學會的理事長）也粉墨登場地下海傳授。因此，其中或有一些真材實料的「秘笈」洩出也說不定，但是，一般人在看待這些「鐵口直斷」似神仙輩的字號或人物，總是讓人覺得很神秘，也很不實在，甚至心理上還會起一點毛毛的感覺。

憑良心說，我一向是反對用這種方式爲人論斷命理，畢竟，現代大家的知識水準都已經那麼高了，「怪力亂神」的那套戲法，早就……，所以要讓人心服口服，這是得依命「理」來推演才行，更何況，時下對斗數有深入研究的人很多，沒有一套合乎情、理的推斷法則，老實說，還真是很難能混得過去。

周：「×女士參加去年年底的縣議員選舉，爲何會失敗？從命理上是否有跡可循。」

「流年丁丑，大限辛亥、辛干巨門化祿、太陽化權、文曲化科、文昌化忌，大祿在酉宮，且三方會成〈日月變景〉、〈巨日〉，與六吉均會合之吉格，然而氣勢卻不強，另丁丑流年，巨門化忌沖照大限命宮，又正好是流年的官祿宮所在之宮位，因此，×女士於丁丑年選舉失利的命理徵象極爲明顯。」

×女士問：「那今年若參加市民代表的選舉，情況是吉？是凶？」

「大限仍在辛亥、文昌化忌入先天與流年的僕役宮。然而，戊寅流年三方會成〈紫府相朝垣〉、〈殺破狼〉之格局，雖然缺少了輔弼二星，但基於大限的輔助效應，所以能上榜的機會仍有，然，票數可能並不好看，這是基於流年命宮爲雙忌爲夾之故。」

其實本命造並沒有很好的強勢格局，但由於因緣際會所致，才有時下的成績，但可能也是最巔峰的結果了，如想再更進一層，可能希望就極爲「渺茫」了。

一般而言，若是女命格局氣勢太強，可能會導致其婚姻狀況的不理想，就如本命造紫府坐命，三方又會〈殺破狼〉，然而卻缺少了輔弼等吉星之輔助，再加上，夫妻宮〈刑囚〉、〈殺破狼〉、〈鈴羊〉等強勢格局衝激，因此，×女士的婚姻可能亦有不爲人道的現象，但此部份非屬本文所論斷的範圍，各位不妨也可以自行地推演判斷之。

十、現代過路財神，散財童子的化身——豬哥亮先生

豬哥亮，這個名字在台灣的演藝圈中，可說是有如日中天般地響亮，而且它的魔力也廣佈延伸於全省各地，相信有緣的讀者，對這個名字應該也不會陌生吧！

陳先生雖然是一個上了年紀的人，但是他對於斗數的研究精神，可不會輸給一般的年輕人。在一個週休二日的下午，原本想可以輕鬆地休閒一下，與老妻小孩一同去郊外「偷得浮生半日遊」，但陳先生的一通誠懇又帶有磁性的電話邀約，只好再期待下一次的週休日了。

下午二點，我如期地到了約定的那家休閒咖啡店，走進了包廂內，只見陳先生與二位朋友已然在座了。經過寒暄介紹後，才發現這一ㄊㄨㄚ好像有點「鴻門宴」的氣氛。林先生是某位著名大師的得意門下，曠先生則是自習多年的斗數高手。

「陳先生，這次帶了二位高手來，是不是要讓我出糗啊?」我揶揄地說道。

<table>
<tr>
<td>紫微
七殺
文曲
紅鸞
63～72 遷移宮 癸巳</td>
<td>擎羊
陰煞
疾厄宮 甲午</td>
<td>財帛宮 乙未</td>
<td>子女宮 丙申</td>
</tr>
<tr>
<td>天機（權）
天梁
鈴星
陀羅
53～62 僕役宮 壬辰</td>
<td colspan="2" rowspan="2">農曆民國35年11月×日丑時生
丙戌
豬哥亮先生
陽男：木三局
命主：巨門
身主：文曲</td>
<td>廉貞（忌）
破軍
文昌（科）
天鉞
夫妻宮 丁酉</td>
</tr>
<tr>
<td>天相
43～52 官祿宮 辛卯</td>
<td>地空
兄弟宮 戊戌</td>
</tr>
<tr>
<td>太陽
巨門
火星
左輔
33～42 田宅宮 庚寅</td>
<td>武曲
貪狼
23～32 （身宮）福德宮 辛丑</td>
<td>天同（祿）
太陰
右弼
地劫
13～22 父母宮 庚子</td>
<td>天府
天魁
天喜
3～12 命宮 己亥</td>
</tr>
</table>

「得了吧！你老可曾有被我考倒過的記錄？今天這二位老弟可是慕名而來討教的，希望待會在討論時，你可不要『藏撇步』，也好讓這二位小老弟多見識、多學些東西。」

當然，在這種情景下，自然要客套一番。

「你們二位可算是斗數界的青年才俊，後起之秀，可別聽陳先生那套有目的的吹捧！」

在這同時，陳先生拿出了一個命盤，說是從書上所取得的，順手就拿給了我。

「原來是大名鼎鼎豬哥亮先生的命造。」

「是的，是謝新達——豬哥亮先生的命盤。今天我們所要討教的，是有關他『財』方面的命理問題。」

他繼續說道：「豬哥亮先生在秀場與錄影帶上的成就，相信是眾人盡知的事情，但以他僅有的小學程度，爲何會有如此的輝煌表現，這在命理上可有解釋的跡象？」

明明說好僅要討論「財」的問題，但卻「暗渡陳倉」地先將「運途」問題提出，還真是老謀深算，一點都不想吃虧。

我啜了一口咖啡，提了提精神將命盤檢視了一遍，於是說道：

「先天命宮在亥，雖三方會〈紫府相朝垣〉、〈殺破狼〉，以及〈坐貴會貴〉的格局，但卻不見輔弼，所以在性格上一定是個剛烈急躁的人，再加上〈空劫夾命〉，使得他的個性又呈現出一種很不穩定的現象。

己亥大限，文曲大忌沖照先天與大限命宮；庚子大限，使得天同由祿轉忌自坐且為先天的父母宮；辛丑大限又為身宮所在，文昌與廉貞忌沖會先天的官祿宮與遷移宮，而先天遷移宮又正好是本大限的官祿宮，因此，經由此三限忌的影響，所以可輕易地判斷出，他在這段時期內事業與前途必然是坎坷波折。

至於他為何僅讀到小學的問題，命理上的判斷依據：

1.先天廉貞化忌沖照官祿宮。

2.命宮文曲化忌與先天廉貞化忌又會照入官祿宮。

3.官祿宮文昌自化忌又沖入本宮。

但是，儘管如此，亦需要配合當時的大環境格局，畢竟，在民國三、四十年左右的社會，除了治安狀況還不甚穩定外，一般百姓的生活能夠圖個自飽，就已經很不錯了，哪還有什麼餘錢來供小孩子上學讀書呢？基於這個因素再加上本身命格氣數的配合影響，所以，對於豬哥亮先生之所以僅會讀到小學的原因，相信定可明白瞭然了。」

豬哥亮先生的事業應該是起於庚寅大限，庚干使太陽化祿，太陰化科均入大限命宮，且三方會〈羊陀火鈴〉制煞爲用，又有輔弼、雙祿，以及〈三奇嘉會〉等格局會照氣勢的引動，所以，在這段時間內，除了各地的秀約不斷外，更於一九八三年，其時三十八歲，即與三立公司簽下錄影帶的合作事業，從此一炮而紅，名滿寶島。

辛卯大限，雖然格局上的氣勢仍屬強局，但廉貞忌與文昌忌雙雙沖入大限命宮，再加上天相屬南斗星的效應，故也埋下了日後一連串災禍之隱憂因素。雖然於一九九〇年，其時四十五歲，又另外和巨登公司簽下合約，但似乎也後繼無力，勉強在支撐了。」

一口氣將豬哥亮先生相關的運途命理徵象解述完畢，抬頭一瞧，只見他們三位有搔頭的、有抬頭看看天花板在沈思的，我不禁關心地問道：「可瞭解嗎？」

這時曠先生亦提出問題問道：

「庚寅大限，三方亦會成〈天機天梁會擎羊〉之凶格，再加上多顆的忌煞星曜會照入大限的官祿宮與遷移宮，以及先天的僕役宮，這不是代表著他對外的人際關係，或是合夥關係，會呈現出一種不良的影響現象嗎？」

「在理論上而言，官祿宮，或遷移宮，或僕役宮破，會直接影響其人的事業，人際或是合夥上的問題，但是大格局的前提條件，必須得列入首要的判斷條件，就拿命與運二者的關係來看，命是大格局，運是小格局，如此則會有下列的幾種結論：

①命好，運好，一百分。

②命好，運不好，七十分。

③命不好，運好，五十九分與六十分之間界。

④命不好，運不好，不及格論。

（上述以六十分爲及格論）

對於我這樣的解釋，不知你是否可以體會瞭解？」

沈寂已久的林先生亦開口道：「若依命盤的顯示，流年己未，其時三十四歲，就應爲其運途轉爲順遂的年次，因爲己干使武曲化祿，貪狼化權且三方成〈武貪〉、〈殺破狼〉，以及〈紫府相朝垣〉（雖然沒有輔弼）主強勢格局。再至庚申流年，其時三十五歲，庚干使太陽化祿、太陰化科，以及延續己未流年的氣勢，所以才真正開始他事業大發的運程。」

不愧是名師手下出高徒，命盤分析起來，頗有大將之風，有條不紊，簡明扼要。

庚寅大限的確是使得豬哥亮先生的事業會有如日中天地發達起來，但同時三方卻也是〈六煞〉與雙忌均逢會的局面，由此即可看出其所投入事業內部的複雜性，而這個因素也是造成其往後種種禍端與不如意的最大關鍵所在。

戊寅年，五十三歲，行壬辰大限的開始，由於受辛卯大限所延續的不良氣數影響，再加上本限三方所會的〈機月同梁〉、〈巨日〉等主要格局的氣勢亦僅爲平平而已，所以想要再有庚寅大限的風光，可能不復再見，甚至在此大限中，再沒有一個完美的人生規劃，以及脫離現有複雜且不好的人際環境，可預期地其前途大概也就是這樣了。

陳先生：「依照豬哥亮先生命盤的顯示，先天財帛爲空宮，官祿宮又被化忌沖破，爲何他能在事業上賺這麼多錢？但，由於嗜賭又將這些一般人可能連一輩子都無法賺到的巨額錢財，卻賭光輸盡了。」

「財運的看法，不僅僅是只以財帛宮來論斷，另外遷移宮的好壞，僕役宮的吉凶，以及官祿宮的強弱，以及福德宮的良否等，均得一併溶入判斷。

豬先生雖然先天財帛宮爲空宮，但其遷移宮（也是身宮所在）有武曲、貪狼坐守，命宮化祿又進來，三方也會合了〈紫府相朝垣〉、〈殺破狼〉，以及昌曲、魁鉞等吉曜吉格，又爲〈輔弼〉所夾，因此，他能夠賺大錢是必然的徵象。

可是能賺大錢是一回事，守不守得住又是另外一回事，如果依此命盤而言，若是守得住，這張命盤就有問題了；若是守不住，才算是符合命盤氣數之徵驗。」

林說：「此話怎講？」

根據資料，一九八三年他應「三立影視公司」之邀，拍攝歌廳秀錄影帶，其價碼至少在七位數以上；又一九九〇年換了東家，與「巨登傳播公司」簽了三年的合同，而簽金竟高達了九位數字，這些事實誰敢說他不會賺大錢？但是，現時的豬哥亮先生亦是兩袖清風，僅圖溫飽而已，這個問題的關鍵，實在是值得我們去探討與研究的。

錢財是否可以積存守住？以及是否會有被外力所劫奪？這就得看田宅宮、福德宮與夫妻宮了。

曠先生即時提出意見：「這與夫妻宮又有關係？」

「當然有關係，因為夫妻宮是財帛宮的福德宮。俗話不是有說：『財要入庫，才能致富。』這個『庫』，就是入老婆的手中，哈！哈！」

環視了他們三個人的臉上表情，我相信這一套的理論見解，可能還是他們第一次才聽到的。其實，這才是命理溶入現實人生的應用訣竅法則。關於此點，各位亦不妨可自我體會一番，相信必可得到此觀點其中之精髓要義。

以豬哥亮先生相關宮位之意象整理如下：

(1)財帛宮：空宮。

(2)福德宮（身宮）：武曲、貪狼坐守。

(3)夫妻宮：廉貞化忌、破軍、文昌化科、天鉞。

(4)田宅宮：雖有〈巨日〉的格局，但三方所會〈紫殺〉、〈廉破〉與羊陀火鈴、地劫等投機且不穩定的星曜格局，因此，可斷定錢財均由此宮的意象而出。

綜合⑴⑵⑶⑷的觀點，我們可以得到一個簡單的結論，那就是豬哥亮先生命盤的敗筆是在於夫妻宮與田宅宮均破，所以，無論他再賺更多的錢，也一樣地會如「江水向東流」的流掉了，另外，若再配合僕役宮天機、天梁，以及夫妻宮的廉貞、破軍等星曜的意象，「嗜賭」的命理徵象即可顯現應證。

丁丑年他以五十二歲的高齡又再度步入禮堂，這正符合了命理的軌跡事實，流年三方會先天夫妻宮，且流年夫妻宮正好逢天喜與紅鸞二顆喜慶之星。當然以先天夫妻宮〈廉相破〉先破後成之意象，相信此次的婚姻不但可永浴愛河，長相廝守，而且還可彌補了他先天「賭性堅強」的特徵，再加上酉辰合之關係，所以，自今而後，他的路途應該可以因此而得以再開創另一階段的人生處境了。」

陳先生：「古謂：『江山易改，本性難移。』再加上本命個性的剛烈急躁，我看是不容易哦！」

的確，本性是實在不容易改變的，但有時也會因外在的環境影響，自然而然地就被潛移默化了，俗云：「近朱則赤，近墨則黑。」實在是有它教化的道理存在。

豬哥亮先生壬辰大限的夫妻宮正好爲先天的子田線宮位，這是否意味著一種爲配偶，爲子女甘願奉獻犧牲，而力圖振作且突破現況的命理徵象（庚干太陽自化祿）。這個徵象若依命理的角度而言，是可以講得通的；但是若依現實的人生環境而言，可能還非得具備超乎常人的毅力與恆心，方始得以做到。

尤其是對豬哥亮先生而言，未來這一段的人生路途可真是遍地荊棘，且處處危機地在考驗著他。當然，我們相信這些考驗絕對是難不倒他，因此也同時預祝他在未來的人生路途上，能再度地一展往日雄風，且重建秀場與錄影帶「豬哥王國」的寶座。

十一、時來運轉、財源廣進

俗云：「運途壞時，喝水都會被水噎到；但若時來運轉，賺錢就好比流水一般，擋都擋不住。」的確，「機運」不到，事倍功半；「機運」一來，事半功倍，世間之事又何嘗能預料的呢？但是有一點，我卻非常地認同，那就是凡事都應該需要先行地準備妥當，不要臨到頭了，才來慌忙地不知所措。畢竟，好運的時機可是不會等我們的，稍縱即逝，再想等下一個時機，那還不知道要等到民國幾年？

這個禮拜由於課程排得很滿，所以，人也覺得比較疲勞，原本計畫到外面照幾張有關陽宅風水的實務圖片，作爲教學或寫作之用，但懶性一起，也就率性地將自己攤在家中「修身養性」了。

正當將思緒放逐到冥思空想之際，家中那支不會做人（它本來就不是人嘛！）的電話如拉警報般鈴！鈴！地響了起來，由於家中的成員都不在，所以只好心不甘、情不願地走去接電話。

紫微 七殺 文昌(忌) 天刑 2～11 命宮 癸巳	天鉞 地空 父母宮 甲午	福德宮 乙未	火星 陀羅 田宅宮 丙申
天機 天梁 地劫 12～21 兄弟宮 壬辰	農曆民國50年9月×日巳時生 辛丑 吳先生	陰男：水二局 命主：武曲 身主：天相	廉貞 破軍 文曲(科) 祿存 官祿宮 丁酉
天相 鈴星 22～31 夫妻宮 辛卯			擎羊 僕役宮 戊戌
太陽(權) 巨門(祿) 右弼 天魁 32～41 子女宮 庚寅	武曲 貪狼 42～51 財帛宮 辛丑	天同 太陰 左輔 52～61 疾厄宮 庚子	天府 62～71 遷移宮 己亥

拿起了話筒，只聽得對方興奮地說道：「姜老，你在家啊！」（廢話！我不在家，難道還是鬼在接電話。）

「嗯！有什麼事嗎？」

「其實也沒什麼事，反正閒著也是閒著。待會兒你不會外出吧！我約了幾個朋友想去府上泡個茶、聊聊天，你在家等我們，好嗎？」

「不好行嗎？還真是服了你，早一天不來，晚一天不來，偏偏選今天這個『良辰吉日』來，我在家恭候大駕！」

「別說得那麼委曲嘛！待會兒帶上二泡好茶讓你品嚐品嚐，這可是今年剛上市的『冠軍茶』唷！不多說了，我們出發了。」小蔡講完隨即掛上了電話。

小蔡是我多年至交的好友，因爲彼此間太過於熟識，所以在言談上較爲隨便，也沒有什麼顧忌。

小蔡與我是同門的師兄弟，雖然在年紀上，我是癡長他幾歲，但在師門的輩份中，我還得尊稱他一聲「師兄」。他在命理學上的造詣很高，也很用心地在鑽研探討，還好，他對易學卜卦較有興趣且專精，否則，那還輪得到我來獻醜賣藝的份。

門鈴響了，我想是他們到了，於是走去開門請他們進屋。

一陣介紹寒暄過後，小蔡的友人自口袋中拿出一張命盤，並攤開桌子上，說道：

「這個命造是我一個多年的朋友，今年三十八歲，雖然在事業上一直很敬業且勤快地打拼，可是，總覺得沒有什麼成就感，尤其是前年，還惹得一身的麻煩。聽我說今天要來拜訪一位斗數高人之時，特地央求我替他問一問，他的運途何時才能開始順暢通達？」

「你們大概又中了小蔡的毒了，我並不是什麼斗數高人，只是比較喜歡探討一些命理的跡象罷了，尤其是紫微斗數。」我頓了一下，品嚐了他們所帶來的「冠軍茶」，嗯！的確是名不虛傳，入口甘醇，而且一直順延至喉嚨。

於是，我檢視了命盤，順口說道：「此人於辛丑大限必發，而且是財源滾滾而來。」

「有這種事嗎？你是從哪裡下如此的判斷？」小蔡問道。

這時與小蔡同來的另一位友人小程，開口說道：「本命造文昌化忌自坐，三方雖會有〈紫府相朝垣〉、〈武貪〉等格局，但同時亦會照〈廉破〉與〈空劫夾命〉之凶格，這一生怎麼可能有『大發』的現象？」

此造命宮紫微、七殺坐守，三方又會〈紫府相朝垣〉、〈武貪〉與〈昌貪廉〉之格局，雖然這些格局均爲強烈的氣勢，可是吉凶參半，又無輔弼之會輔，由此即可論其人幼年時期家中的環境並不好，因此才會產生他極想賺大錢潛在的思想意識，以及強勢獨立的行爲風格。

「不錯，我這個朋友的確很敢，只要是他認爲不公平的，或是有朋友被欺負了，他都會挺身而出的相助之。」小王答道。

「吳先生先天財帛宮爲〈日月〉與〈輔弼〉所夾，又爲〈武貪〉之暴發格局，所以，一生之財源在未入格局運之前，呈現著較不穩定〈日月夾〉與數量固定〈輔弼夾〉的現象，再加上癸巳、壬辰與辛卯三個大限之忌入，因此，在他三十一歲以前，可能經濟上的狀況都不會很好，至於到了庚寅大限，雖然有三祿會輔之效應，但是三方所會〈天機天梁會擎羊〉與〈空劫〉之凶象，亦會入本限之財帛宮，所以他在三十二歲～四十一歲雖然事業做得很大，也很有規模，但是錢財方面總是顯現著入不敷出的現象。

丙子年，正好走入先天疾厄宮位與大限的夫官線位，丙干使廉貞化忌入先天官祿宮與流年之子田線位，象徵著該年有事業虧錢之徵驗，再加上三方會合〈天機天梁擎羊會〉、〈空劫〉與煞忌星效應，因此於丙子年，他在事業上可說是一片焦頭爛耳與亂象叢生之現象。」小程說道。

「這種現象好像一時還不可能較好，明年己卯年，文曲化忌在流年的遷移宮與大限的官祿宮；庚辰年，天同化忌又在流年的財帛宮，以及與影響這個大限成就的父疾線上；非得到辛巳年，這些不良的效應才始有轉圜的跡象。」小蔡這時也表明了他的意見。

這時小王才有所會意地說道：「難怪這一、二年來，他總是抱怨事業不好做，今年更有人事上的內憂外患，這使得原本油光滿面，以及名牌襯托下的外表，看來興緻慵慵、無精打采，這種情景就好像武俠小說所敘述『九層金光體全破』的樣子。」

今年戊寅年，戊干貪狼化祿入流年的兄僕線與大限的財帛宮，這象徵今年他的交際費用開支增加；再加上天機化忌入大限的兄僕線上，以及沖照流年的財帛宮，所以，他今年花費於一些上下游廠商的來往費用是極為可觀的，只可惜，好像效果並沒有預期地樂觀。甚至廠商會有「不吃白不吃，要不要在我。

」的心態表現。

其實做生意本來就是這樣，再加上時下的經濟大環境又那麼不理想，人人自保穩固都還來不及了，對於他想「擴大投資」，以及追求「排場熱鬧鼎沸的盛況」之計劃，大家莫不都站在看熱鬧的角度以視之，任誰也不會傻得將金錢任意地投資下去。

但猶可安慰的，流年命宮〈三奇嘉會〉的格局，也使得他多少也聚集了一些附和的廠商一起共同參與他的計劃，但是自七月份開始，好景不常，一些問題狀況亦皆陸續地發生出現了。

「那怎麼辦呢！他能渡過這個難關嗎？」小王聽得不禁急道。

「沒關係的，頂多是有錢財上的破損，以及精神體力的消耗疲勞而已。這就是〈三奇嘉會〉吉格之效應，但從另一角度上來看，又未嘗不是一種負擔呢！」

的確，這個理念於命理上的應用，實在是太奇妙了。雖然矛盾，但卻有著它的精義存在。

辛丑大限，本身有〈日月〉與〈輔弼〉夾，三方更會了〈紫府相朝垣〉、〈

武貪〉之強勢格局，所以於本大限中，「致富」應該是不成問題的，但由於〈刑囚夾印〉，以及雙忌入先天命宮之凶兆，對於一些債券、票據或背書的往來，應該要特別地謹慎與小心。

「唉！若是沒有研究探討命理的跡象，還真不明白人生過程的複雜與多變性，以往總認為只要埋頭苦幹去做，就應該定有所成，但現在又得多加上一個概念了，那就是除了要確確實實地苦幹以外，運途吉凶的契機更是要掌握確實，如此，於人生的旅途上，就算是沒有什麼大鳴大放的成就，但至少可以將災害凶禍減低到最輕微的程度。」

小程在聽完大伙兒所討論的結果後，不禁內心有所感地道出了不算是人生哲理中的哲理。

（冰凍三尺，非為一日之寒；
人無遠慮，定有近憂之慮。）

十二、晴天霹靂，她居然精神分裂了？

你相信嗎？她—北一女的高材生，第二年就患了「精神分裂症」。

※　※　※

這幾天南部的氣候真熱得令人快要抓狂了，下午來到了幾位好朋友共同設立的「運途諮詢中心」服務，由於這個服務中心採義務服務性質，因此，每天上門求教者經常是座無虛席。

由於時間還早，於是幾位同道便聚在一起地閒聊起來，這時一位吳老師走過來，並且拿了一張命盤向我們說道：「這是昨天來問運途者的命盤，由於當事者不克前來，所以是她母親替代請教的。因爲這個案例較爲特殊，又看見大伙兒正好在這兒無事閒聊，所以特地將它拿出和大家共同參考研究。」

吳老師是任職於某國中教英文，而且目前國中的英文教材內容，他還是其中一位執筆者。

各位一定覺得很奇怪，一位具有高等學歷，且是爲人師表者，因何也對命

太陽 陀羅 地劫 地空 天馬 3～12 命宮 己巳	破軍 祿存 天刑 13～22 父母宮 庚午	天機 擎羊 23～32 福德宮 辛未	紫微 天府 陰煞 33～42 田宅宮 壬申
武曲（祿） 文昌 鈴星 兄弟宮 戊辰	農曆民國68年10月×日午時生 己未 錢小姐 陰女：木三局 命主：武曲 身主：天相		太陰 43～52 官祿宮 癸酉
天同 火星 夫妻宮 丁卯			貪狼（權） 文曲（忌） 僕役宮 甲戌
七殺 子女宮 丙寅	天梁（科） 左輔 右弼 三台 八座 財帛宮 丁丑	廉貞 天相 天魁 疾厄宮 丙子	巨門 遷移宮 乙亥

興趣且做深入地探討！其實這就是因爲歷來大家對中國傳統的術數學有了根深蒂蒂固偏差的概念，總認爲「它」是不科學，是沒有根據，是一般江湖術士賴以維生的一套騙術，甚至把「它」歸納於「迷信」一途。

在這裡筆者也不想大篇幅地多作解釋，套句某位師兄所說的話：「反正死是死那些『鐵齒』的人，干卿何事？」乍聽之下，以覓刻薄冷血了點，但若深入一層地細細品味，還真有他的道理存在。

吳老師：「根據她母親的敘述，她這個女兒從小就很聰明伶俐、乖巧聽話，而且讀書的成績又經常是名列前茅的。民國八十四年以高分考上了北一女中，當時親戚朋友除了讚揚她優異成績的表現外，更對她未來大學之門寄予深厚期望。誰知道，於民國八十六年她竟然因精神分裂，而無法參加大學聯考了。」

接著說道：

「本命造命宮與三方會成〈巨日〉與〈日月得地〉的極佳格局，且命宮爲雙祿所夾，因此於先天的個性上表現，也正如其母所敘述的一般，雖然三方亦會有『六煞』，但也不會造成如此嚴重的結果。尤其是其中的〈空劫坐命〉，更能因此而化解了煞星爲害的效應。」

另一位林老師說道：「命宮空劫坐守，三方又逢羊陀火鈴，應該在襁褓時期不好帶養，且一些的思想行爲有別於常人，但是巳宮的太陽爲旺地，加上對宮巨門所會成的〈巨日格〉，應該不會是一個看不開的人吧！」

黃老師：「這個命造看起來就是先天與父母緣薄的徵象，這除了一般「太陽在命坐守」之外，其本身所具會的〈巨日格〉與父母宮之「殺破狼格」，形成了一種兩強互較的現象，又其中的天刑與擎羊二星，更是爲隱藏的導因。

另外，再加上兄僕線〈昌貪〉，以及武曲會煞忌星所顯現的孤寡性情，因此，先天上個性之缺憾就再清楚不過了。」

的確，先天個性上的隱因，往往就如同一顆隨時會被引爆的炸彈一般，本命光是空劫二星與天馬星坐守的意象，就可以很明顯地看出此女思想上的與衆不同。

照理說，在本大限內就應該會出現一些精神異常的行爲，但是，一則可能年齡還小，父母親並未特別地加以注意；再則，命宮被雙祿所夾的穩定作用，所以，才不致造成很明顯的徵象。

林老師：「根據吳老師所述，此女發作的時間應在第二大限內，民國八十六年干支丁丑。

庚午大限，庚干使天同化忌入先天夫妻宮，但也是先天父母宮的子女宮，父母宮的子田線破，這不是意味著……」

吳老師：「還是林老師厲害，的確，此女的父親是有先天無法生育的遺憾，所以，此女並非由其所出。這個事實亦使我們瞭解了古賦文所說的『日月坐命，六親緣薄。』之理論徵象。這也是此女之所以會導致精神分裂的主要因素。」

但又為何會發生在民國八十六丁丑年呢？

黃老師：「庚午大限，庚干天同化忌入流年福德宮；流年丁丑，丁干使太陰化祿入流年財帛宮造成了〈祿忌交戰〉，巨門化忌沖照先天命宮，且三方會成〈天機天梁會擎羊〉的大凶格。巨門、天機、天梁均屬於一種精神思想的星曜，再加上三台八座一種超現實的磁波干擾，所以，此女的整個思想就完全地崩潰了。」

吳老師：「天梁化科這顆星曜的意象，是很值得我們來探討研究的。因為，若以黃老師方才所論述解析的命理因素，實在是與會導致精神分裂的病症，又像有點抽象且無法串連在一起。」

大夥兒一時大感興趣，畢竟方才黃老師所分析的道理，也是會造成一些精神思想上的症狀，但由於流年命宮還有左右坐守與得地的日月會照，所以，應該還不至於會有精神上分裂的現象發生。

所以，大家的眼光也不經意的齊會向吳老師，並期待他所發表的高見。

「天梁星是透派星曜寓言的故事中，李靖天王肉身成仙的化身，『肉身成仙』原就具有由『實』到『虛』的意境，再加上『化科』的強化作用，以及三台八座靈幻的效應，與丑宮鬼門的意象，因此，以前的種種因素，在今年就全部引爆了，此女也因而造成此精神分裂病症的現象了。」

又接著說：「其實，這種類似的命理徵象，以前也曾碰過幾個案例，雖然也有深入地探討研究，但總不得其要領爲何？直到前年有一次經人介紹拜訪一位高人，當面請教，方才領會其中之奧義，後來，再將那曾經無法悟透的命盤取出對照，還真邪門，真的是同出一轍，『天梁化科與三台八座同度坐守於丑宮，流年行至，必會發生精神崩潰，或精神分裂的異常病症。』」

林老師：「天下之大，無奇不有；天外有天，人外有人。的確，古人誠不欺我也。」

好了，少酸溜溜了，今天也算是又多學了一招「秘笈」了，看看時間也差不多輪到我服務了。於是起身離座走進辦公室，此時雖然雙腳正向著目的地而行，但思緒卻仍盤繞著一個理念：真的有靈界意識存在嗎？

十三、婚後三年，仍無法受孕的命理徵象

現今的社會中，有許許多多婚後多年仍是無法弄璋弄瓦的現象，這個事實經過一些專家學者長時間的調查與印證後，才發現到時下嚴重的「空氣污染」，竟然是造成此事實的最大元凶。

因此，若是地球上的人類還不知覺醒，且繼續地製造污染源，相信在不久的將來，不但人類命脈的延續會出現嚴重的問題，甚至於對將出生的幼兒亦會造成很嚴重的致命影響。

大格局的影響是廣泛且普遍的，但夫妻間無法受孕的因源，則就得從雙方各自的體質、飲食與習性等有關方面來探討。

由於這方面的知識可是非常地具有專業性，而筆者亦僅略懂皮毛而已，所以本文的內容儘量朝著命理相關的知識理論來作探討與解析，而避免使用太多醫學上的專用術語而搞得大家昏頭轉向，如此一來，反得不到預期的效果。

<table>
<tr>
<td>天機
㊝祿
4～13　11.
命宮　辛巳</td>
<td>紫微　文昌
㊝科
12.
父母宮　壬午</td>
<td>火星　地空
1.13.25.
福德宮　癸未</td>
<td>破軍　天魁　文曲
天姚
2.14.26.
田宅宮　甲申</td>
</tr>
<tr>
<td>七殺　擎羊
天喜　天刑
14～23　10.
兄弟宮　庚辰</td>
<td colspan="2" rowspan="2">農曆民國54年8月×日辰時生
乙巳
乾造
陰男：金四局
命主：武曲
身主：天機</td>
<td>3.
官祿宮　乙酉</td>
</tr>
<tr>
<td>太陽　天梁　右弼　祿存　地劫
㊝權
24～33　9.
夫妻宮　己卯</td>
<td>廉貞　天府
紅鸞　天殤
4.
僕役宮　丙戌</td>
</tr>
<tr>
<td>武曲　天相　陀羅　鈴星
34～43　8.
子女宮　戊寅</td>
<td>天同　巨門
44～53　7.
(身宮)
財帛宮　己丑</td>
<td>貪狼　天鉞　陰煞
天使
54～63　6.
疾厄宮　戊子</td>
<td>太陰　左輔
㊝忌
64～73　5.
遷移宮　丁亥</td>
</tr>
</table>

一、結婚年探討

事實：民國七十九年十月結婚。

(1)男命：

民國七十九庚午年，男二十六歲，是走第三大限己卯，先天的夫妻宮。

(2)女命：

民國七十九年庚午年，女二十五歲，是走第三大限庚寅，先天的夫妻宮。

男命二十六歲小限甲申，三方會〈鸞喜〉喜慶星曜，再加上〈三奇嘉會〉的格局，又流年庚午正好爲小限之夫妻宮，庚干又使太陽化祿入先天夫妻宮，所以於庚午年結婚，可說是吉慶良多之兆。

女命二十五歲小限壬辰在先天命宮，有太陰、陀羅坐守，又正好是庚午流年的夫妻宮。壬干天梁化祿入先天夫妻宮，庚干太陽化祿亦會入小限與先天的夫妻宮，這些徵象是有結婚的徵兆，但是在心態上，就好像有點心不甘情不願，而且還沒有那種待嫁的喜悅心情表現。這個徵象可從〈日月反背〉，以及天同化忌沖入先天與小限的夫妻宮而印證得知。

<table>
<tr>
<td>廉貞㊀忌 貪狼 祿存 鈴星
天姚
12.
父母宮 癸巳</td>
<td>巨門 右弼 文曲 擎羊 陰煞
11.
福德宮 甲午</td>
<td>天相
天殤
10.
田宅宮 乙未</td>
<td>天同（祿） 天梁 左輔 文昌（科）
9.
（身宮）
官祿宮 丙申</td>
</tr>
<tr>
<td>太陰 陀羅
2～11 1. 13. 25.
命宮 壬辰</td>
<td colspan="2" rowspan="2">坤造
農曆民國55年5月×日寅時生
丙午
陽女：水二局
命主：廉貞
身主：火星</td>
<td>武曲 七殺 天魁
紅鸞 天使 地空
8.
僕役宮 丁酉</td>
</tr>
<tr>
<td>天府 火星
天喜
12～21 2.
兄弟宮 辛卯</td>
<td>太陽
7.
遷移宮 戊戌</td>
</tr>
<tr>
<td>22～31 3.
夫妻宮 庚寅</td>
<td>紫微 破軍 地劫
天刑
32～41 4.
子女宮 辛丑</td>
<td>天機（權）
42～51 5.
財帛宮 庚子</td>
<td>天鉞
52～61 6.
疾厄宮 己亥</td>
</tr>
</table>

二、體質的探討

男命生於八月金旺之時，命宮在巳，屬火，天機木坐守，金剋木，使得木帶邪，再來生火，則火亦邪，是爲虛火，再受到子宮貪狼均屬水相剋之效應，因此就形成了腎水不足，虛火太旺之象。

女命生於火勢正旺的五月，命宮在辰屬土，是爲火炎土燥之象，再加上太陰與陀羅坐守，有需求太過的情形。

綜合兩造體質之徵象，大致可得知，其所以無法受孕的因素，大概就是雙方均有著腎水不足、虛冷之象，因而無法達成傳宗接代的任務。（最好減少「行房」的次數。）

三、子女宮的意象

雙方子女宮的星象經查證的結果，居然大致相同，均爲〈紫府相朝會〉的格局，只可惜亦都缺少了輔弼二星，由此可得知，其夫妻子女一定不多，甚至一、二個而已。

四、命造合婚之探討

有關於「合婚」的理論，各門各派不同，但有一點，則是完全地相同，那就是盡量擇取和合喜用之用神，且避去沖剋凶煞不吉之影響。

斗數在用於「合婚」的理論，就比較能綜合各家之精華，除了一般三合、六合的理論外，更可以三方四正的逢會來決定相合與否的決定要件。

如本文中之例：

男命生年乙干天機化祿、天梁化權均逢會於女命的三方中，但是卻有太陰化忌入女命命宮，還有太陰在辰宮是爲落陷，再逢化忌，所以，其具有強勢專制的象徵，也就消減了很多，頂多是會呈現較爲嚕嗦或發發牢騷之徵象而已。

女命生年丙干天同化祿，天機化權亦逢會入男命的三方中。

當然，斗數的合婚理論並不止於此而已，範例中所舉的僅不過是其中的一種，但基於篇幅所限，對於有關斗數論婚姻的種種徵驗，待日後於筆者所著的《斗數講座》中，再詳細地與各位研究、探討。

十四、事業失敗，捲款逃亡—被通緝中

一九九七年（丁丑年）於高級班命盤實務論斷的課程中，一位王姓學員拿出了這一份的命盤，問我為何他的事業會突然地兵敗如山倒，而且還捲款潛逃無蹤，現在正被法院通緝中。

類似於這種在課堂上學員拿出命盤來做為隨堂討論的機會甚多，雖然有考驗老師行情到哪裡的成份居多，但我總認為這不僅是一項極負有意義的應戰經驗，而且還能經由學員們之間相互討論的實況，來了解他們吸收程度的多寡。因此，對於這種隨堂臨時所提出命盤的討論方式，我總是以鼓勵的方式居多，唯一要他遵守的原則就是，課程的主題講到哪裡，所要討論命盤的重點，一定要有所關連，否則就失去了我所想要的舉一反三，與相互印證的實務效果了。

陳先生，己亥年，武曲化祿，貪狼化權，天梁化科，文曲化忌，命宮在未宮，身宮在卯宮。

命宮辛未，使巨門化祿，太陽化權，文曲化科，文昌化忌，三方會成（天

<table>
<tr>
<td>天同
陀羅
天馬

25～34 夫妻宮 己巳</td>
<td>武曲（祿）
天府
文曲（忌）
祿存

15～24 兄弟宮 庚午</td>
<td>太陽
太陰
擎羊
地空

5～14 命宮 辛未</td>
<td>貪狼（權）
文昌
天鉞
陰煞

父母宮 壬申</td>
</tr>
<tr>
<td>破軍
天刑

35～44 子女宮 戊辰</td>
<td colspan="2" rowspan="2">農曆民國48年10月×日丑時生
己亥
陳先生
陰男：土五局
命主：武曲
身主：天相</td>
<td>天機
巨門
火星

福德宮 癸酉</td>
</tr>
<tr>
<td>地劫

45～54 財帛宮（身）丁卯</td>
<td>紫微
天相
鈴星

田宅宮 甲戌</td>
</tr>
<tr>
<td>廉貞

55～64 疾厄宮 丙寅</td>
<td>左輔
右弼

65～74 遷移宮 丁丑</td>
<td>七殺
天魁

75～84 僕役宮 丙子</td>
<td>天梁（科）

官祿宮 乙亥</td>
</tr>
</table>

機天梁擎羊會〉與〈空劫會〉之凶格，且命宮亦為雙忌所夾，所以，先天命宮格局的氣勢僅能以弱勢來論。

身宮丁卯，使太陰化祿，天同化權，天機化科，巨門化忌，本身又無主曜，借對宮酉之天機、巨門，然三方所會之忌煞眾多，有化忌、火星、擎羊、陀羅，因此，亦以弱勢論之。

學員林先生說：「命宮坐太陽、太陰，又會左輔、右弼與科權，難道沒有增加其吉象之氣勢嗎？」

丑未宮之太陽、太陰是為閑星曜，雖有左輔右弼的對宮照會，但也不過是增加其雙重個性之展現。再者，酉宮的巨門、天機，古書云：「縱遇財官也不榮」。更何況巨機的格局又為身宮所會照，因此，這種命身宮氣勢皆弱的格局，如遇上大限，或流年有忌煞相沖之時，則必會有處處碰壁，一事無成的徵驗。

再者，本命命宮在未，身宮在卯又恰與其所屬之生肖亥成三方會合，因此，對於該生肖亥之屬性表現更為顯著。

一般人對於豬的習性與評語，不外是骯髒、庸懶、成天不是吃就是睡。其實，這些評語都僅是就其表面所呈現的情形而言，今天若是豬會說話，保證會跳起來抗議的說：「你們人類對我們也太不了解了吧！」的確，一點都不假。根據有多年養豬經驗的林姓朋友說：豬，其實是一種非常愛乾淨，且喜歡打理自我的動物，對於豬舍的清理不但必須每天要去清掃，而且還得用水來沖洗豬隻的身體，否則，一個不爽，牠們還真會群起而鳴之地抗議了。

再者，雖然我們表面上所看到的豬，總是一付溫和且庸懶之象，可是，牠們的脾氣還真是非常地不好，尤其是在餵食之時，這個現象就更為顯著了。所以囉，不是有一句俗語說：「扮豬吃老虎」，這實在是對豬的個性、性情最佳也最為傳神的釋義了。

「這一種以生肖代入斗數的論法，好像你不曾提過，但聽起來卻有從旁輔助論斷的效果，是否其他之命盤亦可同此類推應用？」另一位張姓學員問道。

「當然可以，由於五術一脈的理念均是源自於《易經》，所謂『萬法歸宗』，其意義即在於此。另，其他類別的理念，只要你理解且熟悉，亦可將其綜合而列入論斷之參考。例如，有人以卦象之義來論斷斗數，也有以納音五行法來釋義等。」

大伙兒聽完了我這長篇大論的理念後，一時間，課堂上你看著我，我看著你一片鴉雀無聲，不知道是在思考我剛才所提出的立論角度？還是在懷疑真能如此地實務應用嗎？

其實，這種理念也並非僅適用於斗數，對其它的命學論斷也應該具有如此的推演手法，這就是所謂的旁徵博引、舉一反三最佳的爲學態度，否則，若僅是一味地照本宣科、蕭規曹隨，那還有什麼價值可言。更何況在五術的各學科理論當中，根本就沒有所謂「一定」的標準，有的，不過是以「或然率」的高低，來作爲論斷的依據與解釋，如此而已。

「很奇怪，現在大家所討論的，好像僅是圍繞在其本人的個性與心性，難道這與其日後事業的走向與發展，會有直接影響的關係嗎？」

王姓學員雖然一直很仔細地在聆聽著我的解說，但卻急著想要一探此命造事業失敗跑路的相關論斷，因此才提出質疑問道。

這位王姓學員是於高級班才帶藝加入的，對於斗數的研習，不但曾經有從多位高人學習，而且對於坊間相關的書籍亦涉獵了不少，所以，他對命盤的論斷關鍵拿捏，就比同班其他的學員來得確切與扼要。

「一個人日後的行爲與處事方法，當然會與其個性有著直接的影響關係，例如，一個天生個性內歛穩重的人，對於從事的職業，他絕對不會去選擇那種投機不穩定的事業，因爲，在基本的認知上，就有著格格不入的感受；反之，一個天生個性開朗活潑的人，他所選擇的職業就會比較有開創性，與活潑性。基於此種連帶相關的因素考量，所以，對於人事成敗與否之論斷探討，首先就要以其命身宮來察看，所謂『因果關係』即可由此證驗之。」

爲了建立這位王姓學員對斗數整體思想的架構組織系統，我只好將冷飯回鍋重新再炒一次，因爲，這些理念在初級班與中級班的課程上，早已再三地叮嚀學員務必要將此推斷理念建立起來，畢竟命「理」嘛！要以理來推論，方始可讓人信服，否則，成天地「鐵口直斷」，早晚定有踢到鐵板的一天。

陳先生於一九八〇年（庚申）二十二歲起，即進入餐飲業服務，一直到戊辰年（一九八八年）三十歲方才轉業。在這段時期工作不但順利愉快，而且得老闆重用，晉升到經理主管的職位。

張姓學員首先提出他的觀點：「二十二歲，大限在午宮，宮干庚使太陽化祿，天同化忌；三方會合成〈紫府相朝垣〉、〈坐貴向貴〉與〈雄宿朝元〉之強勢格局，又流年庚申，流祿在申，使先天命宮爲雙祿所夾，庚干再使太陽化祿，天同化忌，因此，於庚申年進入餐飲界服務一定可以順心且得意。」

林姓學員：「庚午大限，本身即坐有雙祿，且三方所會合成之格局氣勢也強，雖有鈴星與天刑等煞曜，卻反有『化煞爲權』之效用。」

王姓學員亦提出他的看法：「大限與流年庚干，均使太陽化祿入先天命宮，再加上大祿與流祿均在申宮，而使得先天命宮爲雙祿所夾，所以，在此庚午大限中，不但大限本身的格局氣勢很強，而且間接地又補強了原本弱勢的先天命宮，因此，在他進入餐飲業後，即會有很好的表現，而且備受老闆的器重。」

「再者，進入己巳大限，己干武曲化祿，貪狼化權、天梁化科、文曲化忌，三方會合了陀羅、火星、擎羊、空劫等諸煞曜，且形成〈天機天梁會擎羊〉、〈天機巨門酉宮——縱有財官亦不榮〉之凶格，所以可斷定的是，他於本大限的前幾年，可能就會有很多麻煩與不如意的事，甚至有不見容於老闆的現象，到了丁卯年二十九歲，即應有想要更換工作的打算念頭。」

提出這份命盤的王姓學員說道：「的確如此，他於三十歲初即離開了餐飲界，但同時也在那一年，轉入了房地產的買賣生意。這個轉變對他會有什麼影響？是否能從命盤的顯示而得知？」

由於對前一項大家所討論的內容，雖然有了具體的結果，可是卻沒有將重點的關鍵指出來，於是乎我才補充道：「工作事業之成敗與否，雖然與其命身宮，以及大限與流年有著密切的關係，但是，對於遷移宮與事業宮之相關意象，亦不可忽視。」

「庚午大限之遷移宮在子宮，三方會成〈殺破狼〉的格局，且會輔〈紫府相朝垣〉之強勢格局，因此造成了他甫自軍中退伍，即投入了複雜又多變的餐飲業，再加上流年廉貪之星性組合，更加重了此徵兆之應驗。另，庚午大限的官祿宮在戌宮，三方亦會成〈紫府相朝垣〉之強勢格局，因此可證明，他不但能在餐飲界名噪一時，備受老闆器重，而且所任職的定是規模很大的餐廳。」

「然而，到了己巳大限，大限遷移宮在亥宮，除了三方所會的甲級星曜氣勢不強，再加上〈空劫〉、〈太陰擎羊〉的『十惡』凶格外，前庚午大限之天同化忌更是引動了本限諸煞忌星之靈動，而群起為惡。另，本限之官祿宮在酉宮，有天機巨門坐守，已先行埋下了『財官不榮』之命運，再加上三方火星、空劫、擎羊諸煞曜之會合，所以，才會造成他不得不離開，而另轉他業的現象。」

餐飲業本身就是一種複雜多變的行業，對一個剛才退伍的年輕小伙子而言，除非是本身命格是屬於較為外向好動的類型，或者是大限的格局正好也走相類同之格局外，否則，一般大多不會輕易地投入這一行，畢竟，它不具備穩定可靠的前瞻性。

如高雄地區於民國七十幾年的時候，可說是餐飲娛樂業的黃金時期，一家家的大型餐廳，或是歌劇院紛紛地相繼開張，再加上當時投機股票的行情看俏，所以，幾乎每一家的營運狀況都會令老闆日進斗金地眉開眼笑，可惜的是，這種風光的日子卻維持不久，到了民國八十年前後，大前題的經濟環境日益地衰弱敗退，致使這些原本前途看好的餐飲娛樂業，亦首當其衝地蒙受其難，龐大的人事開銷，加上入不敷出、每況愈下的營運狀況，故而造成休業的休業，關門大吉的關門大吉之空前慘狀。所以，這幾年來，類似那種大規模的餐廳或是歌廳盛況，好像已從地球上消失一般。

戊辰年，紫破會辰戌——君臣不義，流年官祿宮貪狼化祿自坐，且會成〈殺破狼〉格局，又有三方雙祿會輔，因此，去舊職轉新職業的現象極為明顯。

一直在聆聽大家討論且不發表意見的吳姓學員，突然問道：「他轉入房地產買賣的這個行業，是否能從命盤推得出來？」

照命盤顯示，他應該在丁卯年時，就已經在開始接觸房地產的相關事項，但由於某些事情還未談攏，或是還處於猶豫考慮的階段，所以才延至戊辰年方有所決定與行動。

己巳大限，大限官祿在酉宮天機巨門坐守，流年丁卯正好與其對照，但基於流年命宮為空宮，所以在意志上還未形成氣候，再加上丁干的巨門化忌又沖入，因此，才會延至戊辰年方始付諸於行動。

因此，在探討本造所轉行業的種類與性質，酉宮的天機巨門是為重點，天機屬木，巨門屬水，再加上大限命宮天馬與天梁的屬性，所以可斷定大概是屬於土木服務的相關行業，而房地產買賣就是屬於其中的一種。

然而，各位不知已否看出來，在己巳大限中，早就有隱藏其日後事業一敗塗地的星象因素。

「在己巳大限中，三方所會的煞星有擎羊、陀羅、火星與空劫，又有〈天機天梁會擎羊〉之凶格，這些不好氣數的延續作用，必也會影響下一個大限的吉凶效應。」張姓學員搶著先行發表意見。

「我覺得己干使武曲化祿、文曲化忌，形成三祿雙忌的現象，這使得他在轉入房地產業的買賣中，會因爲先嚐了一些甜頭後，貪念大增，而大舉投入資金。但由其先天與大限財帛宮的星曜可得知，他並不是一個有錢的人，因此，他的這些資金應該都是經由調度或是借貸而來，除非事業一帆風順，否則一旦逢有風險，他的處境可是岌岌可危了。」

林姓學員不愧是一位生意人，做生意當然首重於資金的調度與應用，但資金的來源卻也是一項值得重視的問題。如果自己擁有足夠的資金，當然在運作時，心態上就比較不會有所負擔，但如果樣樣都得靠調貸的方式來取得資金，不要說在運作時的顧忌，光是利息的負擔就有的受了，不是嗎？

「戊辰大限，戊干使貪狼化祿，太陰化權，右弼化科，天機化忌，三方會〈紫破〉之敗格，天機化忌又沖入先天財帛宮與身宮，且會照先天命宮，也就是大限田宅宮所在。而田宅與財帛是爲一六同宗的關係，所以，本大限的財帛亦是破格的氣數展現，因此，本造於丙子年間，其財務的狀況應該就已呈現出不濟的現象。」

王姓學員說：「的確，在民國八十五年時，他的公司就已經是一個空殼子了，資金的往來完全是以挖東牆來補西牆的方式爲之。」

「不僅僅如此而已，甚至還有他的父母、妻子替他借調網羅資金的現象。到了丁丑年，丁干使巨門化忌，再加上大限的天機化忌，一同會入了流年的財帛宮，而三方再會羊陀、空劫與火星，這種煞忌星聚集的結果，他不想跑路都不成，何況又有雙馬交馳的效應，所以跑得還不是普通的快呢！」我一口氣將盤局的現象解釋分析完畢。

「那他被法院通緝的命理現象，是否可推論出來？」林姓學員以爲我要結束討論了，因此急忙地問道。

「他的官司問題，應該要由乙亥年開始推敲，乙亥年三十七歲，正好走入先天的官祿宮，乙干太陰化忌入先天命宮，與擎羊形成〈破敗〉的大凶格。

再者，到了丙子年，丙干使廉貞化忌入其流年的夫官線，再加上三方所會的流羊陀與大限天刑，因此可斷定的是，其官司之象，應該在此年就有了牽扯。又基於其財務狀況仍未見改善，當然被人一狀告上法庭，即是一件很正常之事。」

其實，這個命造其命理的敗象有四：

1.命身宮與其三方的星曜組合太弱，且煞忌星會聚。
2.天機巨門居卯酉，又爲身宮與財福線所在之宮位。
3.紫破在辰戌，又爲子田線宮位。
4.命身宮會合了空劫二星。土空則崩，木空則折是也。

然而，一生的運程，除了「命」以外，還有「運」，所謂：

1.命好，運好，大吉。
2.命好，運不好，猶可過。
3.命不好，運好，要把握，否則如曇花一現。
4.命不好，運也不好，只有看破紅塵，以木魚、青燈爲伴，追求林泉超脫無憂無慮之境界。

十五、台灣第一夫人——李曾文惠女士

據坊間傳說，當曾文惠女士還於孩提之時，有一天在門口玩耍，正好有一位命相先生經過，瞥見了在一旁玩耍的曾女士，仔細地端詳了一會兒，遂向在旁曾女士的母親說道：「此女日後必然富貴異於常人，是爲一品夫人之命。」想不到，它真的是應驗了，而且是準確無誤。第一夫人不就是一品夫人嗎？

可能有人會說，這不過是坊間附會其實的傳言，不足採信。當然，筆者也寧可相信這是附會的傳言而已，否則，僅是由一個孩提時候的相貌，即可將其一生看透了，那咱們這些努力奮鬥的人生歷程，還具有什麼意義呢？

但是，儘管如此，我並不否認這個世界上的確有奇人異士的存在，所謂「天外有天，人外有人。」總歸一句話，各人有各人的機緣，各人的修持境界也不同，又何必那麼地在意呢！

※　　※　　※

由於昨晚「爬格子」爬得太晚，今天起來睜眼一看，居然已是日正當中的

左輔 移存 孤辰 天殤 封誥 75～84 12.24. 僕役宮 癸巳	天機(權) 擎羊 鈴星 龍池 65～74 11 (身宮) 遷移宮 甲午	紫微 破軍 文昌(科) 文曲 天使 天喜 55～64 10. 疾厄宮 乙未	地空 天馬 鳳閣 45～54 9. 財帛宮 丙申
太陽 火星 陀羅 八座 85～94 1.13.25. 官祿宮 壬辰	農曆民國15年2月×日卯時生 丙寅 李曾文惠 女士 陽女：土五局 命主：貪狼 身主：天梁		天府 右弼 天鉞 台輔 35～44 8. 子女宮 丁酉
武曲 七殺 95～104 2.14. 田宅宮 辛卯			太陰 三台 天刑 25～34 7. 夫妻宮 戊戌
天同(祿) 天梁 地劫 天姚 105～114 3. 福德宮 庚寅	天相 寡宿 紅鸞 115～124 4. 父母宮 辛丑	巨門 陰煞 5～14 5. 命宮 庚子	廉貞(忌) 貪狼 天魁 天貴 恩光 15～24 6. 兄弟宮 己亥

時候了。

桌上放著一張老婆留的字條，上面寫道：「有朋友來電，姓李，下午二點左右來。」

二點正，這位姓李的朋友準時到訪，並帶了一位朋友同來。雙方一陣寒暄客套後，即圍在茶桌旁分別坐下。

李：「姜老師，很冒昧地造訪打擾。」

開場白後，繼續說道：「這位朋友姓江，也是您的讀者，很早就想來拜訪您，只是沒人介紹，所以不好意思自己貿然前來。上星期在一次朋友的聚會中認識，並得知我是您的『函授』弟子，因此特別邀我一同前來與您認識認識，並希望能當面有所教益。」

江先生很客氣地即時遞上一張名片。我看了看內容，很不錯年紀輕輕就任職於一家電腦公司的主任，真可謂是一位青年才俊。

「好了，二位今天前來，大概也並不僅止於拜訪而已吧！反正今天下午，我正好也沒事，咱們就隨興聊聊吧！當然，如果有命理上的問題，也不妨提出來，正好一來可藉以打發時間，二來又可腦筋急轉彎一番。」我說道。

於是，江先生自口袋中掏出了一紙命盤攤開在茶桌上，並且說道：「這是台灣第一夫人——李曾文惠女士的命造，生辰資料應該無誤。但是前後反覆地看了數遍，仍是看不出有何一品夫人之尊的命理訊息。因此才特將此盤拿來，想聽聽姜老師您的高見。」

「高見不敢，大家不妨一起來討論討論，如何？」

李先生、江先生一致點頭默許。於是就各自聚精會神地在揣摩著命盤上的訊號，當然，我也不例外。畢竟，能擁有一品夫人之尊的命理徵象，一定有其與人不同之處，錯過了，豈不是很可惜。

李先生：「曾女士命宮在子巨門坐守，古謂〈石中隱玉格〉，身宮有擎羊是爲〈馬頭帶劍〉，由此大略地可看出其個性的穩重厚實與剛正不阿的徵象。

父母宮天相單星坐守，且三方會成〈紫府相朝垣〉的〈君臣慶會〉格局，與雙祿會輔，因而可得知她的父母定然爲有權有勢的富貴人家。（註：父親在三芝富甲一方，母親爲板橋林家財經總管，亦爲社會之名流。）

第一大限庚子，庚干太陽化祿入先天與本限之官祿宮，象徵著在此大限中，學業方面一定有不錯的成績表現。當然若是再加上〈日月得地〉的效應，更是能徵驗無誤。」

命造格局的高低，是可以以日月之得地與否來判斷。此命造太陽在辰，太陰在戌，是爲〈日月得地〉的旺格，故可以貴格論斷。

另外，〈石中隱玉格〉的合格條件，一定要太陽得地方始成立，而曾女士的命盤顯示又正好合乎條件，所以在先天上即具有一種尊貴之氣質徵象。

因此，這層〈石中隱玉格〉非得視太陽得地與否之意象，不正是「以夫爲貴」之徵象嗎？

江先生：「本命造每一個大限運，好像都走得不錯，如：

第一大限庚子，庚干太陽化祿入官祿宮。

第二大限己亥，己干武曲化祿入大限官祿宮，先天田宅宮。儘管己干使文曲化忌入大限財帛宮，但卻被〈紫府相〉大格局所化解了。

第三大限戊戌，戊干天機化忌入大限疾厄宮，以及先天遷移宮與身宮，可能在這個大限中，身心均較爲疲累且操勞。（註：二十五歲生長子，二十七歲夫留美，且同時長女出生。二十九歲次女出生。）

第四大限丁酉，丁使巨門化忌入先天命宮，且三方煞忌星均逢會，但還好有太陽與〈府相〉強勢的輔助，反使阻力變毅力，而渡過精神上最難捱的時期。（註：四十歲夫赴美攻讀博士學位。）

第五大限丙申，丙干天同化祿照會入大限命宮，三方又會逢〈巨日〉的光輝燦爛，以及〈空劫〉的轉身一變，因此才造成日後平步青雲的境界。

第六大限乙未，紫破昌曲坐守，三方更會逢〈紫武府相〉之〈君臣慶會〉的大格局。因此於六十二歲那年，她正式地成為台灣的第一夫人。（註：一九八八年元月十三日，李登輝先生榮任中華民國第七任總統，並代理中國國民黨主席。）」

的確，江先生所分析的，雖然在內容上很簡略，但是卻很能抓住重點來論述，否則，可能再加個三、五頁的篇幅也敘述不完。

本命造之所以能享有今日的尊貴地位，於命理資訊而言，其重點大概有二：

(1)〈巨日〉與〈日月得地〉的相輔相成、相互輝映。

(2)一六宮位之因果關係，以及〈君臣慶會〉之強勢組合搭配。

至於第七大限甲午，又為身宮與先天遷移宮所在，甲干太陽化忌入大限夫妻宮與先天官祿宮，雖然太陽旺地不怕忌，但多少也隱晦了其光芒，所以雖然夫貴之庇蔭仍在，但麻煩憂心的事也相繼地增多了。尤其是年齡已高，星曜格局的氣勢不宜強旺，否則最後必有受其害之徵驗。

民國八十九庚辰年，庚干太陽化祿入流年命宮與先天官祿宮，大限癸巳，癸干破軍化祿入大限福德宮與先天疾厄宮，可推演出其「夫貴」的庇蔭依然存在，但是若依流年的趨勢而言，那可就隱藏著一個很大的變數在其中。至於是什麼「變數」，容筆者賣一個關子，靜待庚辰年的大選時，自然即可分曉。

筆者檔案資料：

姓名：姜威國 一九五八年 出生於高雄

現任：

中國民俗文化研究學會 秘書長

中國晚報風水命理專欄執筆

高雄縣勞工育樂中心 陽宅開運風水講師

高雄市星斗命理學會 理事

高雄市華夏五術學院 課程組執行長

高雄縣救國團 紫微斗數講師

屏東市救國團 紫微斗數‧風水地理講師

屏東市文化中心 紫微斗數、陽宅學講師

姜老師命理風水研究工作室（鳳山、屏東）

※服務處：

高雄縣鳳山市海光四村 860 號

TEL／FAX：（〇七）七〇二一一〇九七

屏東市中華路 351—15 號 4 樓

TEL：（〇八）七三七一五一三二

服務專線：〇九二八一七五七一七〇九

劃撥帳號：四一九〇八〇六一 姜威國帳戶

姜老師風水命理研究工作室函授教材內容一覽：

壹、斗數入門紮根與排盤技巧。（壹千元）
貳、人事十二宮闡釋解析。（伍千元）
參、星曜性情、意象精闢解碼。（貳萬伍千元）
肆、飛星四化、宮位自化釋義。（貳萬元）
伍、斗數組合格局精論。（壹萬伍千元）
陸、斗數重點宮位解析釋義。（壹萬元）
柒、高級實務理論技巧闡釋解析。（參萬元）
捌、實務解盤技巧大公開。（貳萬元）
玖、斗數賦文精解。（貳萬元）
拾、乾坤密法觸機訣。（參萬元）

※整套教材透解斗數之秘，直洩天地之機。
※最佳終身第二專長選擇，擁有它，保證一生受用無窮且惠益不盡。
※整套購買八折結緣優待，且贈送〈掐指神算秘冊〉，售價參萬元；以上各教材亦可單項購買。
※本套教材謹遵祖訓，不作公開發行，限量一百套，售完即止。

筆者著作一覽

1. 斗數新論闡微
2. 全方位論斗數上下冊
3. 掐指神算定乾坤
4. 斗數星曜與格局新義
5. 簡易紫微斗數精華篇
6. 新斗數葵花寶典㈠星曜易理演繹
7. 突破傳統八字命學
8. 奇門遁甲入門解析
9. 斗數宮神與實務論斷
10. 新斗數葵花寶典㈡精選古賦文闡微
11. 趣談面相識人生
12 如來佛祖的五指山——手相學
13. 現代公關相人術——面相學
14. 你就是手相學大師

15.風水入門
16.如何創造一個好的八字命格
17.利用易經陽宅玄機使你金榜題名
18.現代羅經理論解析
19.現代風水學巒頭總論上下冊
20.實用風水學理氣探討上下冊
21.實用風水學秘笈總論
22.怎樣佈置風水吉祥物
23.實用八字命學講義
24.圖解吉祥家相風水
25.星座、生肖、血型三合一論命術

著者附言：

1.歡迎同道相互切磋、諮詢、交流意見。
2.電話詢問時間暫定早上八～十二時。
3.來函請附回郵信封，否則不予以回覆。

生活廣場系列

① 366 天誕生星
馬克・失崎治信／著
李 芳 黛／譯 定價 280 元

② 366 天誕生花與誕生石
約翰路易・松岡／著
林 碧 清／譯 定價 280 元

③科學命相
淺野八郎／著
林 娟 如／譯 定價 220 元

④已知的他界科學
天外伺朗／著
陳 蒼 杰／譯 定價 220 元

⑤開拓未來的他界科學
天外伺朗／著
陳 蒼 杰／譯 定價 220 元

⑥世紀末變態心理犯罪檔案
冬門稔貳／著
沈 永 嘉／譯 定價 240 元

⑦ 366 天開運年鑑
林廷宇／編著 定價 230 元

⑧色彩學與你
野村順一／著
沈 永 嘉／譯 定價 230 元

⑨科學手相
淺野八郎／著
楊 鴻 儒／譯 定價 230 元

⑩你也能成為戀受高手
柯富陽／編著 定價 220 元

大展出版社有限公司
品冠文化出版社

地址：台北市北投區(石牌)
致遠一路二段12巷1號
郵撥：01669551<大展>
19346241<品冠>

電話：(02) 28236031
28236033
28233123
傳真：(02) 28272069

圖書目錄

・少年偵探・品冠編號 66

1.	怪盜二十面相	(精)	江戶川亂步著	特價 189 元
2.	少年偵探團	(精)	江戶川亂步著	特價 189 元
3.	妖怪博士	(精)	江戶川亂步著	特價 189 元
4.	大金塊	(精)	江戶川亂步著	特價 230 元
5.	青銅魔人	(精)	江戶川亂步著	特價 230 元
6.	地底魔術王	(精)	江戶川亂步著	特價 230 元
7.	透明怪人	(精)	江戶川亂步著	特價 230 元
8.	怪人四十面相	(精)	江戶川亂步著	特價 230 元
9.	宇宙怪人	(精)	江戶川亂步著	特價 230 元
10.	恐怖的鐵塔王國	(精)	江戶川亂步著	特價 230 元
11.	灰色巨人	(精)	江戶川亂步著	特價 230 元
12.	海底魔術師	(精)	江戶川亂步著	特價 230 元
13.	黃金豹	(精)	江戶川亂步著	特價 230 元
14.	魔法博士	(精)	江戶川亂步著	特價 230 元
15.	馬戲怪人	(精)	江戶川亂步著	特價 230 元
16.	魔人銅鑼	(精)	江戶川亂步著	特價 230 元
17.	魔法人偶	(精)	江戶川亂步著	特價 230 元
18.	奇面城的秘密	(精)	江戶川亂步著	特價 230 元
19.	夜光人	(精)	江戶川亂步著	特價 230 元
20.	塔上的魔術師	(精)	江戶川亂步著	特價 230 元
21.	鐵人Q	(精)	江戶川亂步著	特價 230 元
22.	假面恐怖王	(精)	江戶川亂步著	特價 230 元
23.	電人M	(精)	江戶川亂步著	特價 230 元
24.	二十面相的詛咒	(精)	江戶川亂步著	特價 230 元
25.	飛天二十面相	(精)	江戶川亂步著	特價 230 元
26.	黃金怪獸	(精)	江戶川亂步著	特價 230 元

・生活廣場・品冠編號 61

1.	366 天誕生星	李芳黛譯	280 元
2.	366 天誕生花與誕生石	李芳黛譯	280 元
3.	科學命相	淺野八郎著	220 元

4.	已知的他界科學	陳蒼杰譯	220 元
5.	開拓未來的他界科學	陳蒼杰譯	220 元
6.	世紀末變態心理犯罪檔案	沈永嘉譯	240 元
7.	366 天開運年鑑	林廷宇編著	230 元
8.	色彩學與你	野村順一著	230 元
9.	科學手相	淺野八郎著	230 元
10.	你也能成為戀愛高手	柯富陽編著	220 元
11.	血型與十二星座	許淑瑛編著	230 元
12.	動物測驗—人性現形	淺野八郎著	200 元
13.	愛情、幸福完全自測	淺野八郎著	200 元
14.	輕鬆攻佔女性	趙奕世編著	230 元
15.	解讀命運密碼	郭宗德著	200 元
16.	由客家了解亞洲	高木桂藏著	220 元

・女醫師系列・品冠編號 62

1.	子宮內膜症	國府田清子著	200 元
2.	子宮肌瘤	黑島淳子著	200 元
3.	上班女性的壓力症候群	池下育子著	200 元
4.	漏尿、尿失禁	中田真木著	200 元
5.	高齡生產	大鷹美子著	200 元
6.	子宮癌	上坊敏子著	200 元
7.	避孕	早乙女智子著	200 元
8.	不孕症	中村春根著	200 元
9.	生理痛與生理不順	堀口雅子著	200 元
10.	更年期	野末悅子著	200 元

・傳統民俗療法・品冠編號 63

1.	神奇刀療法	潘文雄著	200 元
2.	神奇拍打療法	安在峰著	200 元
3.	神奇拔罐療法	安在峰著	200 元
4.	神奇艾灸療法	安在峰著	200 元
5.	神奇貼敷療法	安在峰著	200 元
6.	神奇薰洗療法	安在峰著	200 元
7.	神奇耳穴療法	安在峰著	200 元
8.	神奇指針療法	安在峰著	200 元
9.	神奇藥酒療法	安在峰著	200 元
10.	神奇藥茶療法	安在峰著	200 元
11.	神奇推拿療法	張貴荷著	200 元
12.	神奇止痛療法	漆 浩 著	200 元

・常見病藥膳調養叢書・品冠編號 631

1. 脂肪肝四季飲食　蕭守貴著　200 元
2. 高血壓四季飲食　秦玖剛著　200 元
3. 慢性腎炎四季飲食　魏從強著　200 元
4. 高脂血症四季飲食　薛輝著　200 元
5. 慢性胃炎四季飲食　馬秉祥著　200 元
6. 糖尿病四季飲食　王耀獻著　200 元
7. 癌症四季飲食　李忠著　200 元

・彩色圖解保健・品冠編號 64

1. 瘦身　主婦之友社　300 元
2. 腰痛　主婦之友社　300 元
3. 肩膀痠痛　主婦之友社　300 元
4. 腰、膝、腳的疼痛　主婦之友社　300 元
5. 壓力、精神疲勞　主婦之友社　300 元
6. 眼睛疲勞、視力減退　主婦之友社　300 元

・心 想 事 成・品冠編號 65

1. 魔法愛情點心　結城莫拉著　120 元
2. 可愛手工飾品　結城莫拉著　120 元
3. 可愛打扮 & 髮型　結城莫拉著　120 元
4. 撲克牌算命　結城莫拉著　120 元

・熱 門 新 知・品冠編號 67

1. 圖解基因與 DNA　（精）　中原英臣 主編　230 元
2. 圖解人體的神奇　（精）　米山公啟 主編　230 元
3. 圖解腦與心的構造　（精）　永田和哉 主編　230 元
4. 圖解科學的神奇　（精）　鳥海光弘 主編　230 元
5. 圖解數學的神奇　（精）　柳 谷 晃 著　250 元
6. 圖解基因操作　（精）　海老原充 主編　230 元
7. 圖解後基因組　（精）　才園哲人 著　230 元

・法律專欄連載・大展編號 58

台大法學院　法律學系／策劃
法律服務社／編著

1. 別讓您的權利睡著了(1)　200 元
2. 別讓您的權利睡著了(2)　200 元

・武 術 特 輯・大展編號 10

1. 陳式太極拳入門　馮志強編著　180 元

2.	武式太極拳	郝少如編著	200 元
3.	練功十八法入門	蕭京凌編著	120 元
4.	教門長拳	蕭京凌編著	150 元
5.	跆拳道	蕭京凌編譯	180 元
6.	正傳合氣道	程曉鈴譯	200 元
~~7.~~	~~圖解雙節棍~~	~~陳銘遠著~~	~~150 元~~
8.	格鬥空手道	鄭旭旭編著	200 元
9.	實用跆拳道	陳國榮編著	200 元
10.	武術初學指南	李文英、解守德編著	250 元
11.	泰國拳	陳國榮著	180 元
12.	中國式摔跤	黃　斌編著	180 元
13.	太極劍入門	李德印編著	180 元
14.	太極拳運動	運動司編	250 元
15.	太極拳譜	清・王宗岳等著	280 元
16.	散手初學	冷　峰編著	200 元
17.	南拳	朱瑞琪編著	180 元
18.	吳式太極劍	王培生著	200 元
19.	太極拳健身與技擊	王培生著	250 元
20.	秘傳武當八卦掌	狄兆龍著	250 元
21.	太極拳論譚	沈　壽著	250 元
22.	陳式太極拳技擊法	馬　虹著	250 元
23.	三十四式/三十二式 太極 拳/劍	闞桂香著	180 元
24.	楊式秘傳 129 式太極長拳	張楚全著	280 元
25.	楊式太極拳架詳解	林炳堯著	280 元
26.	華佗五禽劍	劉時榮著	180 元
27.	太極拳基礎講座：基本功與簡化 24 式	李德印著	250 元
28.	武式太極拳精華	薛乃印著	200 元
29.	陳式太極拳拳理闡微	馬　虹著	350 元
30.	陳式太極拳體用全書	馬　虹著	400 元
31.	張三豐太極拳	陳占奎著	200 元
32.	中國太極推手	張　山主編	300 元
33.	48 式太極拳入門	門惠豐編著	220 元
34.	太極拳奇人奇功	嚴翰秀編著	250 元
35.	心意門秘籍	李新民編著	220 元
36.	三才門乾坤戊己功	王培生編著	220 元
37.	武式太極劍精華 +VCD	薛乃印編著	350 元
38.	楊式太極拳	傅鐘文演述	200 元
39.	陳式太極拳、劍 36 式	闞桂香編著	250 元
40.	正宗武式太極拳	薛乃印著	220 元
41.	杜元化＜太極拳正宗＞考析	王海洲等著	300 元
42.	＜珍貴版＞陳式太極拳	沈家楨著	280 元
43.	24 式太極拳＋VCD	中國國家體育總局著	350 元
44.	太極推手絕技	安在峰編著	250 元
45.	孫祿堂武學錄	孫祿堂著	300 元

46.	<珍貴本>陳式太極拳精選	馮志強著	280 元
47.	武當趙保太極拳小架	鄭悟清傳授	250 元
48.	太極拳習練知識問答	邱丕相主編	220 元
49.	八法拳 八法槍	武世俊著	220 元
50.	地趟拳＋VCD	張憲政著	350 元
51.	四十八式太極拳＋VCD	楊 靜演示	400 元
52.	三十二式太極劍＋VCD	楊 靜演示	350 元
53.	隨曲就伸 中國太極拳名家對話錄	余功保著	300 元
54.	陳式太極拳五動八法十三勢	鬫桂香著	200 元

・彩色圖解太極武術・大展編號 102

1.	太極功夫扇	李德印編著	220 元
2.	武當太極劍	李德印編著	220 元
3.	楊式太極劍	李德印編著	220 元
4.	楊式太極刀	王志遠著	220 元
5.	二十四式太極拳（楊式）＋VCD	李德印編著	350 元
6.	三十二式太極劍（楊式）＋VCD	李德印編著	350 元
7.	四十二式太極劍＋VCD	李德印編著	
8.	四十二式太極拳＋VCD	李德印編著	

・國際武術競賽套路・大展編號 103

1.	長拳	李巧玲執筆	220 元
2.	劍術	程慧琨執筆	220 元
3.	刀術	劉同為執筆	220 元
4.	槍術	張躍寧執筆	220 元
5.	棍術	殷玉柱執筆	220 元

・簡化太極拳・大展編號 104

1.	陳式太極拳十三式	陳正雷編著	200 元
2.	楊式太極拳十三式	楊振鐸編著	200 元
3.	吳式太極拳十三式	李秉慈編著	200 元
4.	武式太極拳十三式	喬松茂編著	200 元
5.	孫式太極拳十三式	孫劍雲編著	200 元
6.	趙堡式太極拳十三式	王海洲編著	200 元

・中國當代太極拳名家名著・大展編號 106

1.	太極拳規範教程	李德印著	550 元
2.	吳式太極拳詮真	王培生著	500 元
3.	武式太極拳詮真	喬松茂著	

・名師出高徒・大展編號 111

1.	武術基本功與基本動作	劉玉萍編著	200 元
2.	長拳入門與精進	吳彬等著	220 元
3.	劍術刀術入門與精進	楊柏龍等著	220 元
4.	棍術、槍術入門與精進	邱丕相編著	220 元
5.	南拳入門與精進	朱瑞琪編著	220 元
6.	散手入門與精進	張山等著	220 元
7.	太極拳入門與精進	李德印編著	280 元
8.	太極推手入門與精進	田金龍編著	220 元

・實用武術技擊・大展編號 112

1.	實用自衛拳法	溫佐惠著	250 元
2.	搏擊術精選	陳清山等著	220 元
3.	秘傳防身絕技	程崑彬著	230 元
4.	振藩截拳道入門	陳琦平著	220 元
5.	實用擒拿法	韓建中著	220 元
6.	擒拿反擒拿 88 法	韓建中著	250 元
7.	武當秘門技擊術入門篇	高翔著	250 元
8.	武當秘門技擊術絕技篇	高翔著	250 元

・中國武術規定套路・大展編號 113

1.	螳螂拳	中國武術系列	300 元
2.	劈掛拳	規定套路編寫組	300 元
3.	八極拳	國家體育總局	250 元

・中華傳統武術・大展編號 114

1.	中華古今兵械圖考	裴錫榮主編	280 元
2.	武當劍	陳湘陵編著	200 元
3.	梁派八卦掌（老八掌）	李子鳴遺著	220 元
4.	少林 72 藝與武當 36 功	裴錫榮主編	230 元
5.	三十六把擒拿	佐藤金兵衛主編	200 元
6.	武當太極拳與盤手 20 法	裴錫榮主編	220 元

・少 林 功 夫・大展編號 115

1.	少林打擂秘訣	德虔、素法編著	300 元
2.	少林三大名拳 炮拳、大洪拳、六合拳	門惠豐等著	200 元
3.	少林三絕 氣功、點穴、擒拿	德虔編著	300 元
4.	少林怪兵器秘傳	素法等著	250 元
5.	少林護身暗器秘傳	素法等著	220 元

6. 少林金剛硬氣功 楊維編著 250元
7. 少林棍法大全 德虔、素法編著 250元
8. 少林看家拳 德虔、素法編著 250元
9. 少林正宗七十二藝 德虔、素法編著 280元
10. 少林瘋魔棍闡宗 馬德著 250元

·原地太極拳系列·大展編號 11

1. 原地綜合太極拳 24 式 胡啟賢創編 220元
2. 原地活步太極拳 42 式 胡啟賢創編 200元
3. 原地簡化太極拳 24 式 胡啟賢創編 200元
4. 原地太極拳 12 式 胡啟賢創編 200元
5. 原地青少年太極拳 22 式 胡啟賢創編 220元

·道學文化·大展編號 12

1. 道在養生：道教長壽術 郝勤等著 250元
2. 龍虎丹道：道教內丹術 郝勤著 300元
3. 天上人間：道教神仙譜系 黃德海著 250元
4. 步罡踏斗：道教祭禮儀典 張澤洪著 250元
5. 道醫窺秘：道教醫學康復術 王慶餘等著 250元
6. 勸善成仙：道教生命倫理 李剛著 250元
7. 洞天福地：道教宮觀勝境 沙銘壽著 250元
8. 青詞碧簫：道教文學藝術 楊光文等著 250元
9. 沈博絕麗：道教格言精粹 朱耕發等著 250元

·易學智慧·大展編號 122

1. 易學與管理 余敦康主編 250元
2. 易學與養生 劉長林等著 300元
3. 易學與美學 劉綱紀等著 300元
4. 易學與科技 董光壁著 280元
5. 易學與建築 韓增祿著 280元
6. 易學源流 鄭萬耕著 280元
7. 易學的思維 傅雲龍等著 250元
8. 周易與易圖 李申著 250元
9. 中國佛教與周易 王仲堯著 350元
10. 易學與儒學 任俊華著 350元
11. 易學與道教符號揭秘 詹石窗著 350元

·神算大師·大展編號 123

1. 劉伯溫神算兵法 應涵編著 280元
2. 姜太公神算兵法 應涵編著 280元

3. 鬼谷子神算兵法	應涵編著	280元
4. 諸葛亮神算兵法	應涵編著	280元

・秘傳占卜系列・大展編號14

1. 手相術	淺野八郎著	180元
2. 人相術	淺野八郎著	180元
3. 西洋占星術	淺野八郎著	180元
4. 中國神奇占卜	淺野八郎著	150元
5. 夢判斷	淺野八郎著	150元
6. 前世、來世占卜	淺野八郎著	150元
7. 法國式血型學	淺野八郎著	150元
8. 靈感、符咒學	淺野八郎著	150元
9. 紙牌占卜術	淺野八郎著	150元
10. ESP超能力占卜	淺野八郎著	150元
11. 猶太數的秘術	淺野八郎著	150元
12. 新心理測驗	淺野八郎著	160元
13. 塔羅牌預言秘法	淺野八郎著	200元

・趣味心理講座・大展編號15

1. 性格測驗（1） 探索男與女	淺野八郎著	140元
2. 性格測驗（2） 透視人心奧秘	淺野八郎著	140元
3. 性格測驗（3） 發現陌生的自己	淺野八郎著	140元
4. 性格測驗（4） 發現你的真面目	淺野八郎著	140元
5. 性格測驗（5） 讓你們吃驚	淺野八郎著	140元
6. 性格測驗（6） 洞穿心理盲點	淺野八郎著	140元
7. 性格測驗（7） 探索對方心理	淺野八郎著	140元
8. 性格測驗（8） 由吃認識自己	淺野八郎著	160元
9. 性格測驗（9） 戀愛知多少	淺野八郎著	160元
10. 性格測驗（10）由裝扮瞭解人心	淺野八郎著	160元
11. 性格測驗（11）敲開內心玄機	淺野八郎著	140元
12. 性格測驗（12）透視你的未來	淺野八郎著	160元
13. 血型與你的一生	淺野八郎著	160元
14. 趣味推理遊戲	淺野八郎著	160元
15. 行為語言解析	淺野八郎著	160元

・婦 幼 天 地・大展編號16

1. 八萬人減肥成果	黃靜香譯	180元
2. 三分鐘減肥體操	楊鴻儒譯	150元
3. 窈窕淑女美髮秘訣	柯素娥譯	130元
4. 使妳更迷人	成　玉譯	130元
5. 女性的更年期	官舒妍編譯	160元

國家圖書館出版品預行編目資料

斗數高手實戰過招 / 姜威國編著
　－初版－臺北市：大展 ， 民 89
　面 ； 21 公分 －（命理預言；60）
　ISBN 957-557-995-X（平裝）
1. 命理

293.1　　　　89003320

斗數高手——實戰過招　ISBN 957-557-995-X

編 著 者／姜　威　國
發 行 人／蔡　森　明
出 版 者／大展出版社有限公司
社　　址／台北市北投區（石牌）致遠一路 2 段 12 巷 1 號
電　　話／（02）28236031・28236033・28233123
傳　　真／（02）28272069
郵政劃撥／01669551
網　　址／www.dah-jaan.com.tw
E－mail／dah_jaan@pchome.com.tw
登 記 證／局版臺業字第 2171 號
承 印 者／國順文具印刷行
裝　　訂／協億印製廠股份有限公司
排 版 者／千兵企業有限公司
初版 1 刷／2000 年（民 89 年） 5 月
初版 2 刷／2004 年（民 93 年） 4 月

定價／280 元

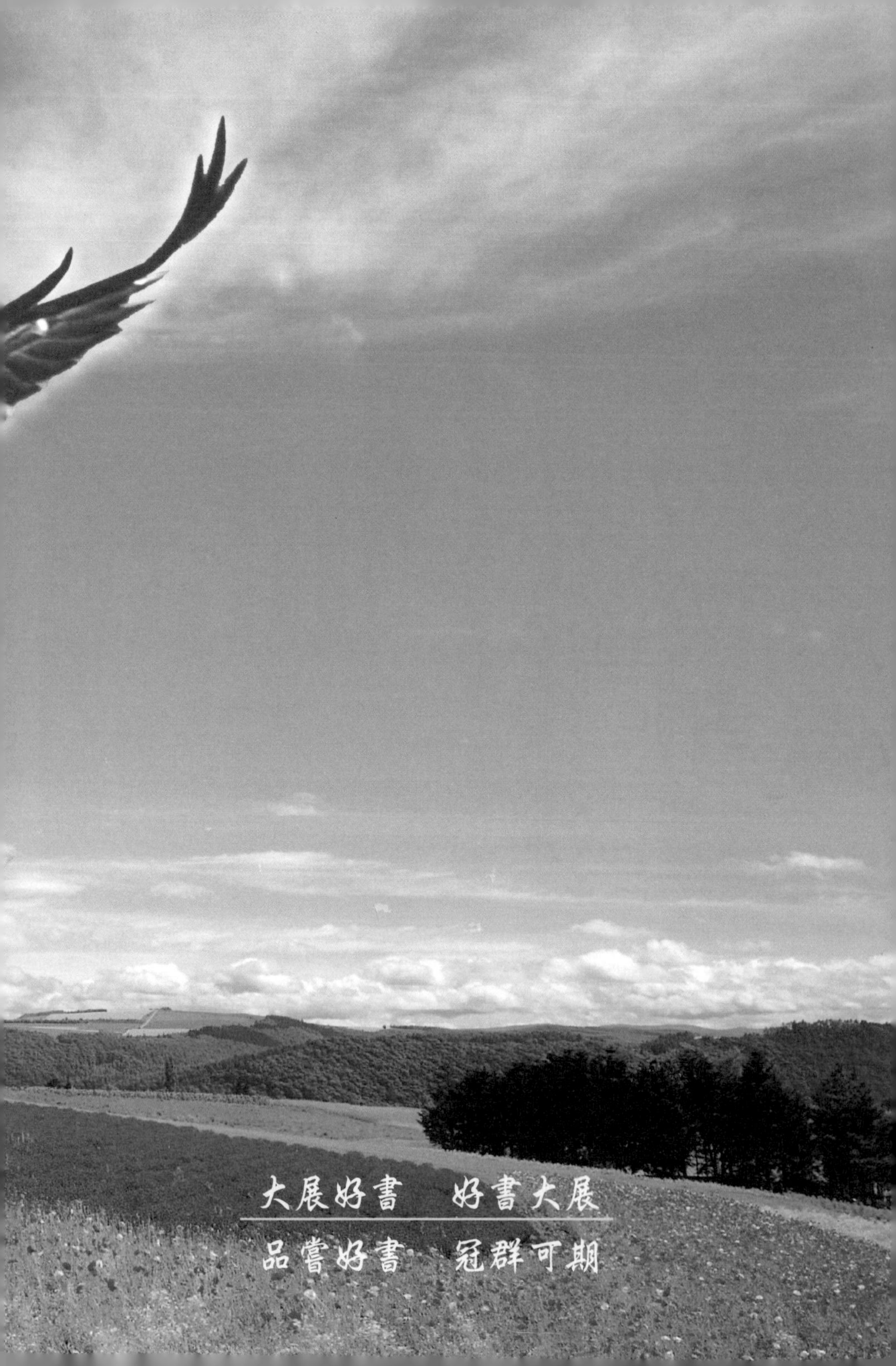
大展好書　好書大展
品嘗好書　冠群可期

大展好書　好書大展
品嘗好書　冠群可期